다크심리학 Ⅱ
: 휘둘리지 않는 법

DARK
PSYCHOLOGY

심리 조작과 압박에서 나를 지키는 방어의 기술

경고

다크 심리학은 단순한 지식이 아니다.
인간의 인지, 감정, 관계를 쥐락펴락하는 은밀한 기술이며
실천적 지식이다.

왜 당신은 늘 진짜 나로 있지 못하고 주변에 휘둘리기만 하는가.
남들의 말투와 표정, 부탁과 침묵의 눈치만 보고 있는가.
나를 속이고 통제하며 지배하는 은밀한 손길은 가까이에 있다.
당신의 일상은 이미 다크 심리학의 전장이다.

단 하루라도 되돌아보라.
당신의 행동 가운데 정말 온전히 당신의 의지였던 것이 있었는가.
휘둘리는 사람은 자신이 휘둘렸다는 사실조차 모른다.
그러나 이제는 달라져야 한다.

인지하고, 변화하라.
조작과 왜곡을 꿰뚫어 보는 눈을 갖고 방어 전략을 익혀라.
더 이상 무방비로 당할수는 없다.

거짓된 자유 속에서 살 것인가,
진정한 휘둘리지 않는 나로 살아갈 것인가,

선택은 당신의 몫이다. 준비된 사람만 이 책을 열길 바란다.
그렇지 않은 사람은, 지금 이대로 휘둘리며 살길 바란다.

프롤로그

굳건한 나는 저절로 오지 않는다
훈련으로 무장한 자만이 휘둘리지 않는다

연인은 차분한 목소리로 말한다.

"사랑한다면, 이번 주말엔 나랑 있어 줘야지."

그는 화를 내지도 않는다. 협박하지도 않는다. 그저 '사랑한다면'이라는 단어를 은근히 얹었을 뿐이다. 순간 가슴이 철렁 내려앉는다. 거절하면 상대를 사랑하지 않는 사람이 되어 마음을 잃을 것 같은 불안이 몰려온다. 결국 당신은 약속을 취소한다. 그 자리에서, 이미 선택은 끝났다. 누구도 강요하지 않았지만, 당신의 자유 의지는 무너졌다. 이것이 바로 은밀한 심리 조종이다. 칼날도, 폭력도 필요 없다. 말 한마디, 눈빛 하나, 침묵 한 줄기가 우리의 결정을 지배한다.

다크 심리학은 이미 당신을 둘러싸고 있다.

　당신의 하루를 돌아보라. 아침 지하철 광고판의 "오늘만 한정, 단 3개 남았습니다!"라는 문구, 동료가 무심히 던진 "어제 다들 네 얘기하더라"는 말, 연인의 "사랑한다면 내일은 꼭 같이 있어줘"라는 속삭임. 모두가 작은 신호지만, 그 신호에 따라 당신은 소비하고, 결심하고, 양보한다. 과연 그것은 전부 당신의 의지였을까? 아니면 이미 누군가의 설계 위에서 움직인 결과일까? 다크 심리학은 멀리 있지 않다. 광고에, 대화에, 인간관계의 틈새에 숨어 있다.
　"나는 절대 안 속아."
　자신하는 사람일수록 오히려 더 크게 무너진다. 누구나 무의식의 약점을 가지고 있기 때문이다. 감정은 압박 앞에서 뒤틀리고, 인지는 편향 앞에서 왜곡된다. 심리적 면역 체계가 없는 사람은 반드시 당한다. 그런데 다크 심리학의 면역은 지식에서 시작된다. 그러나 많은 이들이 자신이 조종당하고 있다는 사실조차 인정하지 않는다. 인정하는 순간 자존감이 무너질까 두려워서다. 그래서 스스로를 속인다. "내가 원해서 한 거야." 그 자기기만이야말로 조종자가 원하는 완벽한 함정이다.

다행히도 이 책을 펼쳤을 독자들은 그들의 은밀한 조종 기술을 파헤치고 방어할 중요한 기회를 얻었다. 1권에서 우리는 다크 심리학의 은밀한 무기가 어떻게 작동하는지를 들여다보았다. 이제 2권에서는 그 무기를 막아내는 법을 다룬다.

많은 사람들은 "의지만 강하면 된다"고 착각한다. 하지만 조종 상황에서 의지는 가장 먼저 무너진다. 압박, 감정, 시간제한이 겹치는 순간, 의지는 무용지물이 된다. 진짜 방어는 기술이고 습관이다.

면역 없는 뇌는 반드시 당한다.
그것이 다크 심리학이다.

복싱 선수가 상대의 주먹을 막는 것은 의지 때문이 아니라 수천 번의 훈련 덕분이다. 마찬가지로, 설득의 공격 앞에서 우리는 단순한 '의지'만으로는 버틸 수 없다. 아무리 강한 사람도 준비되지 않은 순간에는 흔들린다. 하지만 반복적인 훈련과 습관은 다르다. 일상의 작은 설득 시도마다 "이 말은 나를 움직이려는 계산이 있지 않은가?", "내가 진짜 원해서 선택하는가?"를 자문하는 습관이 쌓이면, 어느 순간 자동 반응처럼 경계가 작동한다. 훈련된 근육이 무의식적으로 상대의 펀치를 막듯, 훈련된 사고는 무심코 던져진 언어의 함정을 막아낸다. 결국 조종에 대한 방어도 근육과 같다. 꾸준히 단련할 때만, 진짜 위기의 순간에 몸보다 먼저 반응할 수 있다.

질문하는 습관, 감정을 객관화하는 습관, 경계를 세우는 습관이 몸에 들어 있어야 비로소 본능처럼 작동한다. 단 3초의 지연만으로도 조종 효과는 절반으로 줄어든다. "잠시만요, 생각할 시간을 주세요." 몸에 익힌 이런 한 문장이 강력한 방패가 된다. 훈련은 습관을 만들고, 습관은 본능이 된다.

하지만 방어가 곧 공격이 되어서는 안 된다. 모든 사람을 의심하고 모든 관계를 끊는 것은 고립일 뿐이다. 진짜 고수는 상대의 조작과 조종을 방어하면서도 관계를 유지한다. 상대가 눈치채지 못하는 사이에 조용히 판을 바꾼다. 미소를 잃지 않으면서도 "그건 제 원칙과 다릅니다"라고 말하는 사람, 압박 앞에서도 "잠시만요"라며 속도를 늦추는 사람, 그가 바로 흔들리지 않는 인간이다.

이제 당신에게 묻는다. 언제까지 보이지 않는 술책에 휘둘리며 살 것인가? 언제까지 타인의 언어와 억양, 미소와 압박에 끌려다닐 것인가? 조종을 알지 못하면 지배당한다. 그러나 조종을 인식하면 흔들리지 않는다. 이 책은 당신을 조종의 희생자에서 훌륭한 방어자, 흔들리지 않는 굳건한 나로 바꾸기 위해 쓰였다. 질문하는 법, 감정을 객관화하는 법, 자기 확신을 세우는 법. 거대한 철학이 아니라, 오늘 하루를 지켜내는 작은 습관이다.

지금도 수많은 심리적 덫이 당신을 기다린다. 그 덫에 걸려 무너질 것인가, 아니면 단호히 피하며 자기 길을 걸을 것인가. 답을 내는 것은 어렵지 않을 것이다.

차례

프롤로그 굳건한 나는 저절로 오지 않는다
훈련으로 무장한 자만이 휘둘리지 않는다   5

1부   나를 지켜주는 기본 마인드셋

다크 심리학의 피해자들

일상은 은밀한 조종으로 가득하다   20
은밀한 조종은 강력한 조종으로 이어진다   25

조종과 조작에 맞서는 기본 마인드셋

조작의 지도와 세 가지 기본기   32
묻고 반성하며 스스로를 믿어라   36

질문하는 마인드: 인지 조작에 맞서는 힘

뇌의 구조와 인지 조작   38
질문하는 사람의 힘   41

자기 객관화: 감정 조작에 맞서는 힘

은밀한 감정 조작 45

자기 객관화를 하는 사람의 힘 47

자기 확신: 관계 조작에 맞서는 힘

의존과 관계 조작 51

자기 확신을 가진 사람의 힘 52

패턴을 알면 대비할 수 있다

민감해져라 55

행동 패턴이 가리키는 신호 58

2부   인지 조작 방어하기

한발 떨어져서 바라보라

생각을 되짚어보는 두 번째 시선 64

원칙1 가장 확신할 때 의심하라 67

원칙2 판단 과정과 근거를 점검하라 68

원칙3 감정 변화의 원인을 추적하라 70

쉽게 할 수 있는 메타인지 방어술 71

메타인지 방어술의 한계 72

언어의 감옥을 깨부숴라

사고는 언어의 틀에 갇힌다 76

원칙1 근본적인 질문을 찾아내라 78

원칙2 표현을 뒤집어보라	79
원칙3 제3의 선택지를 적극 탐색하라	81
쉽게 할 수 있는 프레이밍 방어술	84
프레이밍 방어술의 한계	87

숫자가 말하는 허위 정보를 식별하라

수치와 통계의 함정	90
원칙1 출처가 없는 정보는 판단을 보류하라	93
원칙2 수치의 맥락을 찾아라	96
원칙3 균형 검증을 수행하라	99
쉽게 할 수 있는 허위 정보 식별 사례	101
거짓 수치 정보 방어 전략의 함정과 한계	104

강요된 선택지를 거부하라

제시된 선택의 틀을 깨라	108
원칙1 생각할 시간을 벌어라	111
원칙2 눈앞에서 되물어라	112
쉽게 할 수 있는 선택지 거부 전략	114
선택지 거부 전략의 함정과 한계	115

3부 감정 조작 방어하기

스스로의 감정을 깨달아라

| 스스로의 감정을 자각하기 | 120 |
| 원칙1 감정을 혼잣말로 표현해보라 | 121 |

원칙2 아주 잠시만 멈추어보라	124
원칙3 신체 신호를 놓치지 마라	127
쉽게 할 수 있는 감정 자각 방어술	130
감정 자각 방어술의 함정과 한계	132

주저 없이 거절하라

거절은 죄가 아니다	136
원칙1 친절의 진짜 의도를 파악하라	139
원칙2 상대의 친절과 요구를 저울질하라	141
원칙3 감사한 마음과 상대의 요구를 분리하라	142
쉽게 할 수 있는 친절 거절 전략	144
친절 거절 전략의 함정과 한계	146

두려워할 것 없다

공포와 불안을 자극하는 이유	150
원칙1 위협하는 근거를 요구하라	153
원칙2 신체 반응을 다스려라	154
원칙3 불안마저도 분석하라	156
쉽게 할 수 있는 불안 유발 극복	157

분노를 정보로 만들어라

분노를 객관화하는 전략	162
원칙1 분노에 이름표를 붙이고 분석하라	164
원칙2 분노 유발의 의도를 파악하라	166
원칙3 차분히 주도권을 되찾아라	168
쉽게 할 수 있는 분노 유발 방어	170
분노 유발 방어 전략의 함정과 한계	172

4부 관계 조작 방어하기

나만의 울타리를 지켜라

거절의 힘 178
원칙1 명확하고 간결하게 거절하라 181
원칙2 작은 침범부터 단호하게 차단하라 184
원칙3 거절과 함께 대안을 제시하라 186
쉽게 할 수 있는 거절 전략 188
거절 전략의 함정과 한계 191

남과 똑같을 필요 없다

무의식적 모방의 함정 깨기 194
원칙1 행동 패턴을 바꾸어보라 197
원칙2 미러링을 되돌려주라 199
원칙3 차별화 유도를 통한 독립성 회복법 202
쉽게 할 수 있는 미러링 전략 방어 204
미러링 방어의 함정과 한계 209

스스로를 평가하는 기준을 만들어라

극찬과 비난의 롤러코스터 214
원칙1 평가 패턴을 기록하라 217
원칙2 발화의 의도를 파악하라 219
원칙3 자신만의 평가 체계를 만들어라 221
원칙4 자기 자신과 대화하라 223
쉽게 할 수 있는 롤러코스터 전략 방어 225
롤러코스터 전략 방어의 함정과 한계 230

헛된 약속을 구별하라

장밋빛 약속의 중독성	234
원칙1 약속의 신뢰성을 확인하라	237
원칙2 즉시 할 수 있는 것은 요구해보라	239
원칙3 지금을 기준으로 판단하라	242
쉽게 할 수 있는 희망 고문 전략 방어	244
희망 고문 전략 방어의 함정과 한계	248

5부 장기적인 지배 방어하기

심리적인 감옥을 깨부숴라

매몰비용의 덫에서 벗어나기	254
원칙1 과거와 미래를 별도로 생각하라	258
원칙2 기회비용을 정확히 계산하라	260
원칙3 단계적으로 이탈하라	262
관계별 심리적 감옥 탈출 전략	264
심리적 감옥 탈출 전략의 함정과 한계	272

기울어진 정보 불균형에서 벗어나라

정보를 모르면 이용당한다	276
원칙1 다양한 출처에서 정보를 구하라	278
원칙2 비판적으로 질문하라	280
원칙3 독립적으로 검증하라	282
정보 비대칭 해소 전략의 함정과 한계	290

관계를 수시로 재검토하라

유해한 관계 정리하기	294
원칙1 관계를 객관적으로 바라보라	297
원칙2 단계별로 안전하게 관계를 정리하라	299
원칙3 건강한 관계는 발전시켜라	302
쉽게 할 수 있는 관계 재구성 전략	304
관계 재구성 전략의 함정과 한계	309

에필로그 휘둘리지 않는 삶, 이제 그 조건은 갖춰졌다 · 314

"묻고 반성하며
스스로를 믿어라"

1부

나를 지켜주는 기본 마인드셋

다크 심리학의 피해자들

일상은 은밀한 조종으로 가득하다

지금 이 순간, 당신이 읽고 있는 이 글조차도 당신의 의식을 특정 방향으로 이끌고 있다. 놀랐는가? 그렇다면 당신은 이미 조종이 무엇인지 몸으로 느꼈다. 문제는 이런 일이 하루에 몇십 번, 몇백 번씩 일어나고 있다는 것이다. 그리고 당신은 그것을 전혀 눈치채지 못한다.

월요일 아침, 평범한 하루가 시작된다. 지하철역을 걸으며 스마트폰을 보는데, 광고 하나가 눈에 띈다. "지금 바로 구매하세요! 24시간 한정 특가!" 당신은 그냥 지나치려 했지만,

뇌 한구석에서 무언가가 속삭인다. '24시간이면 내일은 없겠네.' 클릭하지 않았다고? 그래도 이미 당신의 뇌는 그들이 원하는 대로 반응했다. 희소성이라는 심리적 방아쇠가 당신을 건드린 것이다.

회사에 도착하자 동료가 다가온다. "어제 회식 어땠어? 아, 너는 안 왔구나. 다들 네 얘기 했는데." 별것 아닌 말 같지만, 이 한 문장에는 사회적 배제에 대한 두려움을 자극하는 위협이 들어있다. 대체 그들은 무슨 말을 했을까? 나에게 전달한 말이 전부일까? 무의식중에 '다음엔 꼭 가야겠다' 하고 생각한다. 동료는 의도했을까? 아닐까? 중요하지 않다. 결과는 같기 때문이다.

점심시간, 카페에서 줄을 서는데 바리스타가 말한다. "죄송한데, 이 메뉴는 재료가 부족해서 3잔밖에 못 만들어드려요." 앞에 서 있는 사람이 주문하자 당신도 급하게 같은 메뉴를 주문한다. 나중에 알고 보니 그 메뉴는 평소보다 500원이 더 비쌌다. 당신은 희소성의 착각에 500원을 더 지불한 것이다.

오후에 상사가 당신을 불렀다. "요즘 힘들지? 내가 보기에 너는 정말 성실하고 능력 있는 사람 같아. 그런데 이번 프로젝트가 좀 급한데, 네가 맡아주면 정말 고마울 것 같은데." 칭찬과 인정, 그리고 부탁이 교묘하게 섞여 있다. 거절하면 '성실하지 않은 사람'이 되는 것 같은 느낌. 당신은 결국 고개를 끄덕인다.

악의적이지 않은 조종도 많다.

퇴근길, 연인에게서 메시지가 온다. "오늘 진짜 힘들었어. 네가 있어서 다행이야. 그런데 내일 중요한 미팅이 있는데, 같이 가줄 수 있어? 바쁘다고는 했지만 옆에 있어 주면 정말 힘이 될 것 같아." 사랑한다는 마음과 거절하려 했던 마음이 뒤섞여 죄책감이 뒤섞인다. '이 정도는 해줘야지'라고 생각하지만, 사실 내일 비울 수 있는 시간은 없다면? 그런데도 거절하지 못한다면? 사랑이라는 이름의 감정적 조종에 당한 것이다.

집에 도착해 부모님께 안부 전화를 드린다. "요즘 바쁘구나. 우리도 이해해. 그런데 이번 주말에 친척 어른들 뵈러 가는데, 네가 안 나타나면 어른들이 실망하실 거야. 우리 체면도 있고." 효도와 체면 사이에서 당신은 또다시 선택권을 잃는다.

밤늦게 SNS를 보다가 친구의 게시물을 발견한다. "진짜 친구들과 함께한 저녁! 이런 사람들이 있어서 행복해" 사진에는 당신만 빠져있다. 의도적이었을까? 우연이었을까? 상관없다. 당신의 마음속에는 소외감과 불안감이 스며든다.

이 모든 순간들을 되돌아보라. 당신이 내린 결정들 중 과연 몇 개나 진짜 당신의 결정이었는가? 카페 메뉴 선택부터 주말 계획까지, 누군가의 의도된 신호에 반응한 것은 아닌가? 가장 무서운 것은 이런 조종이 보이지 않는다는 점이다. 칼로 찌르거나 총으로 위협하지 않는다. 대신 미소를 지으며, 친근한 목소리로, 때로는 사랑한다는 말로 포장해서 당신의 의식을 조종한다. 당신은 피해자라는 사실조차 모른 채 살아간다.

교묘한 조종은 언제나 친절하다.

더욱 충격적인 사실은 이런 일들이 계획적이지 않을 수도 있다는 것이다. 동료도, 상사도, 연인도, 부모님도 악의를 가지고 있지 않을 수 있다. 하지만 사회 전체가 이런 심리적 패턴들로 작동하고 있기 때문에, 모든 사람이 무의식적으로 조종자가 되고 피해자가 된다.

당신이 마트에서 "1+1" 행사에 혹해서 필요 없는 물건을 사는 순간, 당신이 '좋아요' 숫자에 신경 쓰며 SNS에 글을 올리는 순간, 당신이 한정판이라는 말에 지갑을 여는 순간 등 모든 순간이 누군가의 심리학적 설계에 따라 움직이는 것이다. 심지어 이 글을 읽으면서도 당신은 조종당하고 있다. "나는 조종당하지 않는다"라고 생각했다면, 그 생각마저도 예상된 반응이다. "설마 내가?"라는 의심을 품었다면, 그것도 계산된 것이다.

진짜 무서운 것은 이런 조종들이 누적된다는 점이다. 하나하나는 작은 선택이지만, 시간이 지나면서 당신의 전체 인생 방향을 바꿔버린다. 어느 날 문득 깨어보면, 당신이 원했던 삶과 전혀 다른 삶을 살고 있을지도 모른다.

상대의 무기를 알아야 방어할 수 있다.

지금 이 순간에도 당신 주변에서는 수십 개의 심리적 함정들이 당신을 기다리고 있다. 광고, 뉴스, 인간관계, 소셜미디어, 직장, 가족 등 어디에도 안전한 곳은 없다. 그렇다면 우리는 어떻게 해야 할까? 모든 사람을 의심하며 살아야 할까? 모든 관계를 끊고 홀로 살아야 할까? 아니다. 더 현명한 방법이 있다. 바로 조종의 메커니즘을 이해하는 것이다. 적을 알고 나를 알면 백전백승이라 했다. 심리적 조종이 어떻게 작동하는지 알면, 당신은 더 이상 무력한 피해자가 아니다.

이 책이 존재하는 이유가 바로 여기에 있다. 당신을 피해자에서 벗어나게 하기 위해서다. 더 이상 누군가의 심리적 조종에 무방비로 당하지 않도록 무장시키기 위해서다. 하지만 먼저, 당신이 얼마나 많은 조종에 노출되어 있는지 정확히 알아야 한다. 그래야 진짜 적의 규모를 파악할 수 있고, 그에 맞는 방어책을 세울 수 있다.

은밀한 조종은 강력한 조종으로 이어진다

일상의 작은 조종들이 방치될 때, 개인의 파멸로 이어지기도 한다. 처음에는 단순히 불편하거나 억울한 정도였겠지만, 시간이 지나면서 그것은 당신의 정체성과 자아를 완전히 무너뜨린다. 가상의 사례를 살펴보자. 과연 이런 사례가 내 옆에서 일어나지 않고 있다고 자신 있게 말할 수 있을까? 나의 일이 아니라고 장담할 수 있을까?

김민정(가명, 32세)은 3년 전만 해도 자신감 넘치는 마케팅 전문가였다. 하지만 지금은 거울을 보는 것조차 두려워한다. 무엇이 그녀를 이렇게 만들었을까?

그녀의 연인은 완벽한 조종자였다. 처음 만났을 때 그는 말했다. "넌 정말 특별해. 이런 여자는 처음이야." 민정은 하늘을 날 것 같았다. 하지만 3개월 후, 같은 입에서 나온 말은 전혀 달랐다. "요즘 네가 예전 같지 않아. 살도 쪘고, 패션 센스도 떨어졌어. 다른 남자들이 널 어떻게 볼까?" 어제까지 세상에서 가장 예쁜 여자라고 추켜세우더니, 오늘은 "화장 좀 진하게 해"라며 외모를 지적했다. 민정은 혼란스러웠다. '내가 정말 못해졌나? 아니면 그가 변한 걸까?' 6개월이 지나자 민정의 자존감은 완전히 그의 평가에 의존하게 되었다. 그가 "예쁘다"고 하면 하루 종일 기뻤고, "별로다"라고 하면 며칠 동안 우울했다. 자신의 가치를 스스로 결정할 능력을 완전히 잃어버린 것이다.

1년이 지나자 더 무서운 일이 일어났다. 민정은 그의 승인 없이는 아무것도 결정하지 못하게 되었다. 친구를 만날 때도, 옷을 살 때도, 심지어 점심 메뉴를 정할 때도 그의 눈치를 봤다. "이 정도는 그가 좋아할까?" "혹시 화내지 않을까?" 자신의 선택권을 완전히 포기한 채 살아가고 있었다. 2년이 지나자 민정은 "나는 이 관계 없이는 존재할 수 없다"는 절대적 의존 상태에 빠졌다. 그가 다른 여자를 쳐다보기만 해도 자신이 죽을 것 같았고, 그가 차갑게 대하면 자해 충동까지 느꼈다. 자아가 완전히 붕괴된 것이다.

직장에서도 비슷한 파멸이 일어난다. 박성호(가명, 28세)는 성실한 신입사원이었다. 상사의 "팀을 위해 한 번만"이라는 부탁에 기꺼이 야근을 했다. 처음에는 "성실하다"는 평가를 받아 뿌듯했다. 하지만 그 "한 번만"은 영원히 계속되었다. 월요일에는 "프로젝트 마감이 급해서", 목요일에는 "클라이언트가 갑자기 부탁해서", 토요일에는 "다른 팀원이 아파서"라는 이유로 그의 시간을 빼앗았다. 성호는 거절하는 방법을 잃어버렸다.

1년 후, 성호의 삶은 완전히 회사에 종속되었다. 개인적인 약속은 모두 회사 일정에 밀렸고, 취미나 운동 같은 것은 사치가 되었다. 친구들은 하나둘 떠나갔고, 연인도 "당신은 회사와 결혼했다"며 등을 돌렸다. 2년 후, 성호는 자신의 경계를 완전히 잃었다. 상사가 주말에 전화를 걸어도 당연하게 받았고, 휴가 중에도 업무 메시지에 즉시 답장했다. "아니오"라는 단어는 그의 사전에서 사라져버렸다. 회사의 도구로 전락

한 것이다. 더 비극적인 것은 성호 스스로가 이 상황을 열정적으로 일하는 것이라고 합리화했다는 점이다. 주변에서 너무 무리한다고 걱정해도 이 정도는 해야지 하며 자신을 더 몰아붙였다. 조종당하고 있다는 사실조차 인지하지 못한 채 스스로를 파괴하고 있었다.

가족 관계에서 일어나는 파멸은 더욱 뿌리깊다. 이지혜(가명, 41세)는 40대가 되어서도 부모의 허락 없이는 아무것도 결정하지 못한다. 대학 전공부터 직장, 결혼 상대까지 모든 것이 부모의 뜻에 따라 결정되었다. 어릴 때부터 부모는 "네가 잘되길 바라서 하는 말이다", "부모 말을 안 들으면 후회한다"며 그녀의 모든 선택을 통제했다. 반항하면 "배은망덕하다", "부모 속을 썩인다"는 죄책감 공세가 이어졌다. 지혜는 점차 자신의 의견을 표현하는 것을 포기했다.

40대가 된 지금도 상황은 변하지 않았다. 결혼 후에도 부모는 지혜의 육아 방식, 가계 관리, 심지어 부부 관계까지 간섭했다. 지혜는 '부모님이니까', '나를 사랑해서 그러시는 거야' 하고 계속 참는다. 결과적으로 지혜는 학습된 무기력 상태에 빠졌다. 스스로 판단하고 결정하는 능력을 완전히 잃어버린 것이다. 간단한 일상 결정조차 "어떻게 해야 할까요?"

라며 다른 사람에게 의존한다. 자아가 있어야 할 자리에는 텅 빈 공간만 남았다.

피해자는 자신이 피해자인 줄 모른다.

 심리학 연구에 따르면, 이런 반복적 통제 경험은 뇌의 의사결정 영역을 위축시킨다. 계속해서 선택권을 박탈당하면, 뇌는 '어차피 내 선택은 의미 없다'고 학습하게 된다. 이는 우울증, 불안장애, 심지어 자살 충동으로까지 이어질 수 있다.
 더 무서운 것은 이런 피해자들이 자신의 상황을 정상이라고 믿는다는 점이다. "이 정도는 당연한 거지", "다른 사람들도 다 이렇게 살아"라며 자신의 파멸을 합리화한다. 조종자들은 바로 이것을 노린다. 피해자가 스스로 상황을 정당화하도록 만드는 것이다.
 조종의 최종 단계는 정체성의 완전한 소거다. 피해자는 더 이상 자신이 누구인지, 무엇을 원하는지 알지 못한다. 모든 생각과 감정이 조종자의 것이 되고, 자신만의 영역은 완전히 사라진다. 김민정은 거울을 보며 "나는 누구인가?"라는 질문에 답하지 못한다. 박성호는 휴일에도 내가 뭘 하고 싶은지를 모른다. 이지혜는 내 의견이 뭔지 생각해본 적이 없다. 이들은 **모두 자아를 잃어버린 채 남의 인생을 살고 있다.**

이런 파멸은 하루아침에 일어나지 않는다. 수개월, 수년에 걸쳐 조금씩, 조용히 진행된다. 폭력이나 위협처럼 외부에서 명확히 보이는 것이 아니라, 내면에서 서서히 무너져 내린다. 그래서 더욱 위험하다. 주변 사람들도 알아차리기 어렵다. "원래 순한 성격이야", "착한 사람이라서 그래"라며 피해자의 변화를 성격 탓으로 돌린다. 정작 당사자도 "나는 괜찮다", "이 정도는 참을 수 있어"라며 문제를 인정하지 않는다.

'괜찮다' 하는 생각이 가장 위험하다.

하지만 증상들은 명확하다. 결정 장애, 만성적 불안, 자존감 저하, 대인관계 회피, 우울감, 무기력감, 정체성 혼란. 이런 증상들이 복합적으로 나타나면서 삶의 질이 현저히 떨어진다. 더 심각한 경우에는 자해, 자살 시도, 중독, 섭식 장애 같은 극단적 행동으로 이어지기도 한다. "내가 사라지면 모든 게 편해질 거야"라는 생각이 머릿속을 맴돈다. 이것이 조종이 만들어내는 최종적 파괴다.

당신 주변에도 이런 사람들이 있을 것이다. 아니, 어쩌면 지금 이 글을 읽고 있는 당신이 그런 상태일지도 모른다. "나는 아직 괜찮다"고 생각한다면, 그 생각부터가 위험 신호일 수 있다. 조종의 파멸적 결과는 되돌리기 어렵다. 한 번 무너진 자아는 재건하는 데 엄청난 시간과 노력이 필요하다. 때로는 전문적 치료 없이는 불가능하기도 하다.

그래서 예방이 중요하다. 작은 조종의 신호들을 초기에 감지하고 차단해야 한다. 그러기 위해서는 먼저 조종의 메커니즘을 정확히 이해해야 한다. 이제 더 이상 방관할 수 없다. 당신의 자아를 지키기 위해, 당신의 선택권을 되찾기 위해 싸워야 한다. 이제 다크 심리학의 조종과 조작을 방어할 수 있는 기본기를 당신에게 전수한 뒤, 구체적인 행동 원칙들을 알아볼 것이다. 기본기와 원칙들을 익히고 나면 당신은 여러 왜곡에서 풀려나 진정한 당신이 된다.

조종과 조작에 맞서는 기본 마인드셋

조작의 지도와 세 가지 기본기

우리는 매일 설득과 정보, 요청과 호의, 평가와 약속 속을 걸어 다닌다. 그 가운데 일부는 진심이고 일부는 기술이며, 가끔은 명백한 조종이다. 말은 논리의 얼굴을 하고, 친절은 빚의 꼬리를 달고, 칭찬은 줄의 역할을 한다. 무엇이 무엇인지 헷갈리는 순간, 판단은 느려지지 않고 오히려 더 빨라진다. 익숙함을 진실로, 다수를 근거로, 큰 숫자를 안전으로 착각하는 자동화가 우리 안에 있기 때문이다. 이 책이 다루려는 것은 바로 그 자동화, 그리고 그 자동화를 겨냥하는 다양한 조작의 설계다.

인지, 감정, 관계. 우리가 지켜야 할 것들이다.

조작과 조종의 얼굴은 다양하지만, 큰 분류로 묶으면 세 가지 축이 선명하다. 첫째는 인지 조작이다. 언어를 이용한 프레이밍 기법, 강요된 선택지, 사회적 증거를 활용한 압박, 수치와 통계를 통한 조작 등 사실을 바꾸기보다 사실을 바라보는 틀을 바꿔 우리가 스스로 같은 결론에 도달하도록 유도한다. 둘째는 감정 조작이다. 죄책감을 유발하기도 하고, 두려움을 자극하며, 분노시킨다. 한편으로는 큰 감정의 고저를 만들어 조종하는 등 감정의 레버를 당겨 이성을 마비시키고 즉각적인 반응을 끌어낸다. 셋째는 관계 조작이다. 개인의 경계를 침범하며, 의존의 언어를 덧씌우고, 미러링 전략, 높이 추켜세운 뒤 무시하기, 희망 고문 등 다양한 방법으로 주도권을 가져가고 내 기준을 흐린다.

그리고 이 세 축의 위에, 장기적인 영향력 유지를 노리는 조작이 겹친다. 간헐적 보상으로 중독을 만들고, 말뿐인 미래 약속으로 현재의 불균형을 덮으며, 기준을 조금씩 올려 부담을 정상처럼 느끼게 한다. 기록을 흐리게 하고 고립을 유도하며 끊임없이 피로하도록 소모시켜 점차 자율성을 갉아먹는다. 단발성 기술보다 무서운 것은 바로 이 장기 설계다. 한두 번의 설득이 아니라, 생활의 리듬과 관계의 규칙을 천천히 바꾸어 놓는 방식이기 때문이다.

위기의 순간 남는 것은 바로 기본 마인드셋이다.

문제는 우리가 이 모든 레퍼토리를 외워서 대응할 수 없다는 사실이다. 조작의 형태는 계속 변하고, 같은 사람이 여러 가지 수법을 사용할 수도 있다. 그들은 따로 배워서 아는 것이 아니라 본능적으로 다크 심리학의 레퍼토리를 알고 있기 때문이다. 결국 필요한 것은 '모든 기술에 대응하는 더 상위의 기술', 즉 기본 마인드셋이다. 판을 읽는 시선, 속도를 늦추는 제동, 내 길을 지키는 핸들이 있어야 한다. 이 책이 제안하는 기본기는 딱 세 가지다. 질문하는 마인드, 자기 객관화의 마인드, 자기 확신의 마인드. 이 셋은 서로 다른 것을 훈련하지만, 실제로는 하나의 시스템처럼 작동한다.

질문하는 마인드는 '머리', 즉 이성과 인식의 힘을 지켜준다. 의심이 아니라 검증의 태도다. "왜?" "무엇의 근거인가?" "비교군은?" "반대 데이터는?" "지금 결정할 이유는?" 같은 질문이 숨어 있던 전제를 끌어올리고 멈춰 있던 두뇌를 다시 돌아가게 한다. 질문은 상대를 이기기 위한 칼이 아니라, 내가 나를 지키는 브레이크다.

자기 객관화의 마인드는 가슴을 정돈한다. 감정을 없애는 기술이 아니라, 감정과 나 사이에 매우 작은 간격을 만드는 습관이다. 예를 들어 지금 느끼는 감정에 이름을 붙여보기, 아주 잠깐의 숨고르기, 신체 반응 관찰하기 등의 미세한 루틴만으로도 감정이 나를 마비시키지 않도록 만들 수 있다. 격한 감정을 느끼는 나에게서 잠시 떨어져 나를 남처럼 바라보는 것이다. 이런 자기 객관화는 결정을 위한 준비다.

자기 확신의 마인드는 인간관계에서 조종과 조작을 막는 중요한 기본 마인드다. '내가 옳다'는 독선이 아니라, '내 기준과 경계가 있다'는 선언이다. 거절은 관계 파괴가 아니라 진정한 관계 설계의 시작이다.

이 세 기본기는 따로 놀지 않는다. 질문이 머리를 맑게 하면, 객관화가 감정의 급류를 낮추고, 확신이 몸을 움직여 남과 소통하게 한다. 어느 하나라도 빠지면 빈틈이 생긴다. 질문만 있고 객관화가 없으면 비판은 예민함으로 오해받고, 객관화만 있고 확신이 없으면 알아차려도 거절하지 못한다. 확신만 있고 질문이 없으면 단단한 고집이 된다. 셋이 함께일 때, 우리는 공격적이지 않게 단호하고, 느리지만 뒤처지지 않으며, 정중하게도 선명할 수 있다.

묻고 반성하며 스스로를 믿어라

세 가지 기본기를 갖추는 이유는 상대를 의심하기 위함이 아니다. 나를 지키면서도 좋은 관계를 지속하기 위함이다. 우리가 원하는 삶은 고립이 아니라 연결이고, 연결은 경계와 존중에서 나온다. 질문은 대화를 깨뜨리지 않고 검증을 가능하게 하고, 객관화는 감정을 억누르지 않고 다루게 하며, 확신은 거절과 대안을 동시에 말하게 한다. 그 결과 진짜 가까운 사람들과는 더 깊어지고, 내 삶의 속도는 더 내 것이 된다. 기술이 아닌 태도에 투자할수록, 한 번 배우면 여러 장면에서 함께 작동한다.

이제 지도를 펼쳐 구체적인 길을 걸을 차례다. 먼저 인지 조작의 언어와 구조를 해체하기 위해 '질문하는 마인드'를 손에 쥔다. 이어 감정이 설계를 대신하지 않도록 '자기 객관화'를 훈련한다. 마지막으로 관계의 원근과 경계를 내가 정하기 위해 '자기 확신'을 세운다. 장마다 사례와 문장을 준비해 두었다. "비교부터 하자", "지금은 감정이 올라왔다", "그건 내 원칙과 달라요" 등, 이런 짧은 문장이 자기를 지키는 든든한 방패가 되어줄 것이다.

목표는 단순하다. 사회 속에서 나를 보호하고, 진정으로 가까운 사람들과 오래 좋은 삶을 영위하는 것. 그 길은 거대한 통찰이 아니라 작은 습관에서 시작한다. 오늘 이 페이지를 덮으며 한 가지만 마음에 넣어두자. 빨리 결론 내리고 싶을수록, 더 많이 느끼고 흔들릴수록, 더 강하게 끌릴수록, 그럴수록 우리는 세 가지 기본기로 돌아간다. 묻고 반성하며 스스로를 믿어라. 그때 비로소 조작은 설계를 잃고, 우리는 방향을 되찾는다.

질문하는 마인드: 인지 조작에 맞서는 힘

뇌의 구조와 인지 조작

그날 회의에서 결론은 이상하리만큼 빠르게 났다. 팀장이 "다른 팀은 다 이렇게 한다"고 말하자 고개가 절로 끄덕여졌다. 숫자 몇 개가 슬라이드에 번쩍 떴고, "지금 결정해야 혜택을 잡는다"는 말이 뒤따랐다. 그 순간의 감각은 분명했다. 이건 합리적이라고, 팀을 위해 옳은 선택이라고. 그런데 며칠이 지나고 나서야 이상함이 스며들었다. 다른 팀이 정말 "다" 그랬던가? 그 숫자는 어디에서 왔지? 왜 그날만큼은 의심이 한 번도 떠오르지 않았을까. 그리고 그 질문이 뒤늦게 떠오르는 순간, 나는 비로소 깨달았다. 조작은 논리를 박살내지 않는다. 논리처럼 보이는 틀을 씌워 내가 스스로 결론에 도달하게 만든다.

  일상 속의 조작은 늘 조용하다. "다들 그렇게 한다"는 말은 정확한 근거 없이도 나를 다수 쪽으로 밀어붙인다. 사람은 소수가 되는 걸 본능적으로 두려워하니, 판단의 기준을 나의 가치와 정보가 아니라 타인의 움직임으로 옮겨 버리기 쉽다. "날 사랑한다면", "회사를 생각한다면" 같은 문장은 더 교묘하다. 행동을 감정의 증명과 연결해, 거절을 곧장 배신과 동일시하게 만든다. 그때부터 대화는 내용의 장이 아니라 정체성의 심판장이 된다. 여기에 반복이 겹치면 방어막은 더 약해진다. 같은 문장을 여러 번 들으면 검증 없이도 익숙함을 진실로 착각한다. 회의의 구호, 광고의 카피, 정치 슬로건이 바로 그렇게 작동한다. "아닌 것 같다"는 느낌은 모서리가 닳아 없어지고, 마찰 없는 수용이 어느 날 불쑥 습관이 된다.

나의 생각과 판단은 내 것이 아닐 수도 있다.

  언어의 틀도 강력하다. "성공률 90%"와 "실패율 10%"는 같지만, 다른 판단을 부른다. 정보 그 자체보다 표현의 형태가 감정의 온도를 바꾸고, 그 온도가 결정을 바꾼다. "찬성 아니면 반대야" 같은 이분법은 복잡한 현실을 두 칸짜리 바둑판으로 납작하게 만든다. 선택지를 좁히면 속도가 붙는다. 속도는 생각의 층위를 줄이고, 줄어든 층위는 오류를 부른다. 숫자와 그래프는 이 모든 것의 마침표처럼 등장한다. "만족도 97.8%" "연 12% 수익" 같은 표현은 논쟁을 끝내는 도장처럼 보이지만, 표본과 기간, 비교군을 떼어내면 큰 숫자도 작은 이야기일 뿐이다. 여기에 "오늘만", "지금만"이 더해지면 뇌는 깊은 사고 대신 빠른 규칙을 호출한다. 조급함, 죄책감, 분노 같은 고에너지 감정이 올라올수록 우리는 결정의 질을 스스로 낮춘다.

우리가 이렇게 쉽게 끌려가는 이유는 단순하다. 뇌는 복잡한 세상에서 에너지를 아끼도록 진화했다. 다수에 기대고, 익숙한 것을 선호하고, 숫자로 비교하고, 빨리 결론을 내리면 생존에 유리하던 시절이 길었다. 조종자는 이 자동화를 설계의 지렛대로 쓴다. 그래서 역설적으로, 가장 확신이 강할 때가 가장 위험하다. 확신은 종종 생각의 결과가 아니라, 누군가의 의도와 감정의 연출이 만든 상태이기 때문이다. 어제까지는 망설였는데 오늘 갑자기 모든 것이 "명백"해 보인다면, 그 사이에 어떤 프레임이 끼어들었는지 되짚어야 한다.

질문하는 사람의 힘

이 책이 제안하는 해법은 거창하지 않다. 질문하라. 막연한 의심은 관계를 상하게 하고, 스스로를 불안하게 만든다. 반면 질문은 속도를 늦추고, 전제를 드러내며, 비교군을 세운다. 즉답의 유혹 앞에서 "왜?"를 한 번만 외치면 감정의 급류가 낮아진다. 상대의 문장 속에 감춰진 가정을 드러내게 하라. 둘 중 하나만 선택해야 한다는 설정, 사랑이나 충성을 증명해야만 한다는 규칙 등을 표면으로 끌어올리면 대화의 규칙 자체가 바뀐다. 그리고 "반대 데이터는?" "다른 설명은?"을 붙이는 순간, 조작은 힘을 잃는다. 조작은 대조를 싫어하고, 질문은 대조를 강제한다.

의심이 아닌, 질문을 하라.

예를 들어 보자. 회의에서 "다른 팀은 다 야근한다"는 말이 나오면, 질문은 설전을 시작하는 공격이 아니라 검증의 초대가 된다. "지난달 기준 팀별 야근률 데이터를 함께 보시죠. 프로젝트 성격과 인원 대비 업무량도 같이요." 이렇게 말하면 "모두"라는 주문이 "구체"로 변하고, 강요의 힘은 줄어든다. 판매 자리에서 "오늘만 50%"라는 말이 나오면, "내일까지 유효한 서면 조건으로 주세요. 경쟁사 견적과 비교하겠습니다"라고 대응한다. 조급함이 비교로 바뀌는 순간 앵커링은 풀린다. 관계에서 "날 사랑한다면 오늘 당장 와줘"라는 말을 들었다면, 스스로에게 먼저 묻는다. "지금 느끼는 죄책감은 어디서 유발됐지? 사랑을 증명할 수 있는 방법이 다른 방식은 없나?" 질문은 상대를 몰아붙이기보다, 내가 내 판단권을 회수하기 위해 나에게 먼저 던지는 말이다.

질문은 기술 이전의 습관이어야 한다. 강한 확신이나 감정이 치솟는 순간 0.5초만 멈추어 "왜"를 속으로 외친다. 중요한 대화 전후에는 전제, 증거, 대안을 각각 한 줄씩 적는다. 적는 행위 자체가 사고를 느리게 해, 자동으로 튀어나오는 결론을 붙들어 둔다. 숫자와 슬로건을 보면 즉시 반대 표현을 마음속으로 만들어 본다. "성공률 90%"를 "실패율 10%"로, "1등

브랜드"를 "1등이 아닌 브랜드는 몇 개인가"로 뒤집는 것만으로도 감정의 온도가 중립으로 내려간다. 그리고 출처·표본·기간·비교군 네 칸 중 두 칸 이상이 비면 판단을 보류한다. 보류는 겁이 아니라 지혜다.

질문은 상대를 이기려는 도구가 아니다.

물론 질문에도 윤리가 있다. 질문은 상대를 이기기 위한 도구가 아니라, 더 정확한 결정을 위한 장치다. 그래서 **질문은 공격 대신 탐색의 톤을 가져야 한다**. "틀렸다"가 아니라 "확인하고 싶다"로 시작하면 대화는 닫히지 않는다. 관계를 해치지 않으면서도 속도를 늦추는 완충 문장을 준비해 두면 실전에서 흔들리지 않는다. 예를 들면 이런 문장들이다. "좋습니다. 다만 비교를 한 번만 하고 결정해도 될까요?", "그 말의 전제부터 확인하고 싶습니다."

돌아보면, 조작의 핵심은 사실을 바꾸는 데 있지 않았다. 사실을 보는 방식을 바꿔 내가 스스로 동일한 결론에 도달하게 만드는 데 있었다. 사회적 증명, 조건부 사랑, 반복의 익숙함, 프레이밍, 허위 딜레마, 숫자의 권위, 시간 압박. 이것이 우리의 일상 지도다. 이 지도 위에서 길을 잃지 않게 해 줄 나침반은 하나, 질문이다. 다음 장들에서 우리는 이 지형들을 하나씩 통과할 것이다. 언어의 틀을 해체하고, 숫자의 허상을 벗겨내고, 강요된 이분법을 거부하고, 감정의 가속에서 빠져나오는 질문들을 손에 쥔다. **질문은 짧지만, 그 뒤에 따라오는 자유는 길다.** 그러니 기억하라. 확신은 조작의 완성이고, 질문은 조작의 중단이다. 이제 묻자.

자기 객관화: 감정 조작에 맞서는 힘

은밀한 감정 조작

회의가 끝난 뒤 엘리베이터를 타려다 멈췄다. 방금 전 팀장의 한마디가 이상하게 오래 남았다. "요즘 집중력이 떨어진 것 같네." 그 말과 동시에 가슴이 쿵 내려앉고 분한 마음이 올라왔고, 곧바로 '내가 뭘 잘못했나' 하는 죄책감이 뒤섞였다. 그 자리에서는 아무 말도 못 했다. 대신 퇴근길 내내 스스로를 몰아붙였다. 그때서야 알았다. 말 한마디가 아니라, 감정이 나를 끌고 다녔다는 것을. 이 장은 바로 그 감정이 이용되는 방식을 요약해 보여주고, 그 조작을 이겨내는 기본 원리, 즉 나를 밖에서 보는 객관화로 연결한다.

감정 조작은 대체로 조용하다. 먼저 죄책감이 걸린다. "네가 가족을 생각한다면…", "내가 널 얼마나 챙겼는데…"라는 문장들은 행동을 도덕의 시험대로 끌고 간다. 거절은 곧 배은망덕, 반대는 곧 무정으로 묶인다. 다음은 두려움이다. "지금 아니면 기회 없다", "놓치면 평생 후회" 같은 경고는 사실의 문제가 아니라 생존 회로를 자극한다. 뇌는 위협 앞에서 느린 사고를 끄고 빠른 반응으로 달려간다. 분노 또한 즐겨 쓰이는 레버다. 공개석상에서의 가벼운 폄하, 개인적 약점을 건드리는 농담 한 줄이면 된다.

감정이 강하면 다른 신호들이 차단된다.

상대가 흥분해 목소리를 높이는 순간, 논쟁의 주제는 사라지고 이미지 전쟁이 시작된다. 여기에 연민과 사랑 폭탄이 교차한다. 과한 칭찬·선물·과잉 친절로 정서를 부풀린 뒤, 갑자기 차갑게 식혀 결핍을 만든다. 따뜻함을 다시 얻기 위해 상대는 더 순응한다. 마지막으로 부끄러움과 수치가 남는다. "그 나이에 그 정도도 못 해?", "다들 하는데 너만 유난" 같은 문장들은 자기존중의 바닥을 흔든다. 요컨대 감정 조작은 사실을 바꾸기보다 느낌의 기후를 바꿔, 우리가 스스로 같은 결론에 도달하게 만든다.

왜 이렇게 잘 통할까. 같은 말을 들어도 불안이 높을수록 위협이 크게 보이고, 분노가 올라올수록 상대의 취약점만 눈에 띈다. 감정은 판단을 도와주는 신호이지만, 강도가 높아지면 '사실 → 해석 → 행동'의 사슬에서 해석을 독점한다. 조작자는 바로 그 순간을 노린다. 논리로 설득하는 대신, 상태를 만들어 놓으면 된다. 상태가 바뀌면 해석이 바뀌고, 해석이 바뀌면 선택이 바뀐다.

자기 객관화를 하는 사람의 힘

악순환을 끊는 첫 번째 열쇠가 객관화다. 객관화는 고차원 기술이 아니다. "나를 밖에서 본다"는 간단한 자세다. 예를 들면 이런 행동들은 자기 객관화에 도움이 된다. 감정에 이름을 붙여보자. "지금 화난다"라고 속으로 말하는 단 한 문장이 감정의 고삐를 늦춘다. 막연한 불쾌감을 '분노, 억울함, 무력감'

으로 세분화할수록, 그 감정은 하나의 신호가 되고 나는 해석자가 된다. 또는 신체를 관찰하여 자기 객관화를 해볼 수도 있다. 심장 박동, 턱의 힘, 손의 땀. 몸은 마음과 함께 반응한다. 몸을 인식하는 순간 "내가 불안하다"에서 "내 몸에 불안 반응이 일어나고 있다"로 주어가 바뀐다. 그 한 걸음의 거리감이 바로 객관화의 핵심이다.

  객관화는 현실 도피가 아니다. 오히려 감정의 정보를 정확히 사용하게 한다. 예컨대 상사의 말에 즉시 분노가 솟을 때, "내 안에서 분노 반응이 올라왔다. 원인은 '공개 망신'에 대한 두려움과 부당함이다"라고 정의한다. 그러면 다음 문장이 달라진다. "지금은 감정이 올라왔으니, 사실과 요구를 분리하자. 회의가 끝난 뒤 1:1로 구체 근거를 요청하자." 불안도 마찬가지다. "지금 불안하다"가 아니라 "놓칠 수 있다는 생각이 떠오른다. 근거는? 확률은? 확인 가능한 자료는?"으로 바꾸면, 불안은 행동을 재촉하는 채찍에서 검증을 요구하는 리마인더로 바뀐다. 죄책감이 들 때도 동일하다. "고마움은 마음의 문제, 수용 여부는 현실의 문제." 감사와 결정을 분리하는 순간, '빚'은 사라지고 선택권이 돌아온다.

감정은 억누를 수 없지만, 자기 객관화는 가능하다.

감정 조작이 특히 잘 먹히는 자리가 시간 압박과 관중이 있는 상황이다. 모두가 보는 앞, 즉시 답을 요구받을 때, 우리는 '체면'을 지키려다 감정의 레일을 탄다. 여기서 객관화의 실천 문장은 아주 짧아야 한다. "잠깐만 생각 정리하고 말씀드리겠습니다." "지금은 감정이 올라와서, 나중에 차분히 얘기하고 싶습니다." 이 문장들은 도망이 아니라 권리 선언이다. 상대가 재촉할수록 반복하라. 재촉 자체가 조작의 한 축이기 때문이다.

자기 객관화를 한다고 해서, 감정을 억누르게 되지는 않는다. 오히려 상대의 조작이나 압박에 감정을 느끼지 않으려 애쓸수록 감정은 다른 모양으로 튀어나온다. 목적은 '아무것도 느끼지 않는 사람'이 아니라 '느끼되, 다루는 사람'이다. 또한 모든 문제를 나의 노력으로 해결할 수는 없다. 구조적 부당함, 지속적 모욕, 안전을 위협하는 상황은 떠나거나 바꾸는 결단이 필요하다. 객관화는 결단을 미루는 변명이 아니라, 더 정확한 결단을 위한 준비여야 한다.

결론은 간단하다. 감정 조작은 당신의 사고를 우회로로 밀어 넣는다. 죄책감은 도덕을, 두려움은 생존을, 분노는 자존을 건드린다. 이때 필요한 것은 더 강한 의지를 갖는 것이 아니라, 잠시 감정의 줄타기를 멈추고 내려와 더 느린 시선으로 자신을 타자화해 바라보는 것이다. 감정에 이름을 붙이고, 10초를 벌고, 신체를 확인하고, 말의 전제를 분해하라. 그러면 상대가 설계한 길이 보이고, 그 길 밖의 길도 보인다. 기억하자. 강한 감정은 틀림의 증거가 아니라 검증의 신호다. 그리고 객관화는 그 신호를 읽는 법이다.

자기 확신: 관계 조작에 맞서는 힘

의존과 관계 조작

회의가 끝나고 엘리베이터 문이 닫히려는 순간, 연인에게서 "오늘 누구랑 만나?"라는 메시지가 왔다. 낮에는 상사가 "네가 없으면 이 프로젝트가 안 굴러"라고 했고, 저녁엔 친구가 "이번만 좀 도와줘"라 했다. 대답을 반복할수록 내 하루는 남의 문장으로 채워진다. 관계 조작은 이렇게 사소한 선 넘기에서 시작된다. 우리가 흔들리는 지점도 대개 같다. 내가 무엇을 원하고 어디까지 허용하는지, 스스로에 대한 확신이 약할 때다.

관계에서 작동하는 대표적 조작은 얼굴을 바꿔가며 나타난다. 휴대폰 화면을 슬쩍 보거나 일정과 동선을 꼬치꼬치 묻는 작은 침범은 "이번만"이라는 말과 함께 점점 범위를 넓혀 간다. "너 없으면 나는 무너져" 같은 의존의 언어는 사랑처럼 보이지만 실은 죄책감을 이용해 떠날 자유를 빼앗는다. 말투·속도·제스처·취향을 정교하게 맞추는 미러링은 "우리는 잘 맞아"라는 착각을 만들고 신뢰가 생긴 순간 주도권을 뒤집는다. "너밖에 없어"로 끌어올렸다가 곧바로 "요즘 형편없어"로 내리꽂는 이상화-가치절하는 간헐적 보상에 사람을 묶어 두는 심리 장치다. 여기에 "곧 승진", "머지않아 결혼" 같은 장밋빛 약속이 현재의 불균형을 가린다. 다 다른 기술처럼 보이지만 공통 원리는 하나다. 나의 기준을 흐리게 만들어 타인의 말과 속도가 내 결정을 대신하게 하는 것. 그래서 방어의 핵심은 기술보다 태도, 곧 자기 확신에 있다.

자기 확신을 가진 사람의 힘

자기 확신은 고집이나 독선이 아니다. 내 가치와 우선순위,

경계와 책임 범위를 스스로 납득 가능한 이유로 정리해 두고, 그 기준에 맞춰 말하고 선택하는 힘이다. **자기 확신이 있는 사람은 남의 칭찬이 올려도, 비난이 내려쳐도, 모호한 약속이 흔들어도 돌아갈 자리가 있다.** 이를 세우는 기초는 의외로 단순하다. 예를 들면, 나만의 원칙을 짧은 문장으로 선언해보는 방법이 있다. "돈 거래는 하지 않는다", "주말은 휴식 시간", "사생활 질문엔 답하지 않는다" 같은 규칙들이다.

   자기 확신이라는 기반을 갖추면 조작을 당하려 할 때 말과 행동이 달라진다. 작은 침범은 애매하게 미루지 않고 짧고 선명하게 차단한다. "어려워요, 할 수 없어요." 모호함은 틈을 만들고, 같은 메시지의 반복은 신호가 된다. "이번만"이라는 요구에는 "그건 내 원칙과 달라요"로 선을 긋고, 관계를 생각한다면 거절과 대안을 함께 둔다. "이번 주말은 어렵습니다. 대신 다음 주 토요일 오전 한 시간은 도울 수 있어요." 거절은 관계를 끊는 행동이 아니라 내 울타리를 보이는 행동이다.

   관계의 기술을 아무리 많이 알아도 결론은 단순하다. 자기 확신이 있는 사람은 흔들려도 무너지지 않는다. 바람은 계속 불겠지만, 뿌리가 어디에 닿아 있는지 아는 나무는 방향을 잃지 않는다. 남의 말이 크고 빨라도 내 속도의 걸음으로 돌아오는 습관, 타인의 기대가 화려해도 지금의 조건으로 판단하는 습관, 감사는 마음으로, 결정은 기준으로 하는 습관이 하루하루를 지켜낸다. 그리고 그 축적이 어느 날 알아차리게 한다. 관계가 나를 바꾸기 전에, 내가 관계의 방식을 바꿀 수 있다는 사실을.

패턴을 알면 대비할 수 있다

민감해져라

1부에서 우리는 일상이 얼마나 은밀한 조종으로 채워져 있는지, 그리고 그 흐름을 되돌리는 세 가지 기본기인 질문, 자기 객관화, 자기 확신이 왜 필요한지를 확인했다. 2부로 넘어가기 전 마지막으로 해야 할 준비는 한 가지, 더 예민해지는 일이다. 여기서 말하는 예민함은 불신이나 피해의식이 아니라 감각의 해상도를 높이는 것이다. 같은 문장도 억양이 달라지면 뜻이 바뀌고, 같은 부탁도 타이밍이 달라지면 압박이 된다. "한 번만 도와줄 수 있어?"가 평소보다 반 박자 빠르게 튀어나오고,

끝음이 살짝 올라간 뒤 3초의 침묵이 이어질 때, 그 말의 실제 뜻은 "지금 당장 승낙하라"에 가깝다. 연인의 "괜찮아"가 한 톤 낮아지고 시선이 흩어지면 실제로는 괜찮지 않다는 신호일 수 있고, 상사가 "시간 될 때"라고 말하면서 말속도가 붙으면 데드라인이 보이지 않게 당겨졌다는 의미일 수 있다. 친구가 "부담 갖지 마"라고 말하면서 당신의 대답이 나올 때까지 미소를 멈추면 그것 역시 압박이다. 조종은 이런 미세 신호들을 통해 속도를 올리고, 우리가 자동으로 반응하도록 만든다. 그러니 예민해진다는 것은 곧 속도를 늦추는 기술이다. 억양, 호흡, 침묵, 시선, 말의 순서에 작은 낯섦이 느껴지는 순간, 마음속에서 "잠깐, 무슨 신호지?"라는 질문을 먼저 켜라. 이 멈춤이 이후의 모든 방어 전략이 들어올 공간을 만든다.

"한 번만 도와줄 수 있을까?" 같은 말을 하는 두 사람이 있다고 가정해보자. 첫 번째 사람은 자연스럽게 말하지만, 두 번째 사람은 미묘하게 끝을 올려 말한다. 겉으로는 같은 부탁이지만, 두 번째 사람의 억양에는 거부하기 어렵게 만드는 계산된 압박이 숨어 있다. 이것이 바로 조종의 시작점이다.

조종은 언제나 노골적으로 다가오지 않는다. 만약 누군가가 "내 말 안 들으면 후회할 거야"라고 직접적으로 위협한다면, 우리는 즉시 경계 태세를 갖춘다. 하지만 진짜 다크 심리학의 조종자들은 그렇게 단순하지 않다. 상대가 내뱉는 말보다 중요한 것은 그 말에 동반되는 표정과 억양이다.

사람들은 언어보다 비언어적 단서에 더 크게 반응하며, 메시지의 진실성 역시 억양과 표정에서 더 강하게 판별한다. 실제로 같은 문장이라도 억양에 따라 받아들이는 반응이 달라진다. 누군가가 친절한 말을 하지만 억양이 미묘하게 단호해진다거나, 웃으면서도 눈가의 긴장이 풀리지 않는다면 그것은 단순한 대화가 아니다.

연인 관계에서 이런 상황을 떠올려보라. "괜찮다"라고 말하는 연인의 목소리가 평소보다 한 톤 낮아졌다면, 그 말의 진짜 의미는 "괜찮지 않다"라는 뜻이다. 직장에서 상사가 "시간 될 때 해"라고 말하지만 어조가 빨라졌다면, 실제로는 "지금 당장 해"라는 압박이 숨어 있다. 친구가 "부담 갖지 마"라고 하면서도 시선을 피한다면, 정작 그 친구는 당신이 부담을 가져주기를 바라고 있을 가능성이 높다.

그런데 다크 심리학 고수들은 이런 변화조차 의도적으로 교묘하게 통제한다. 표정 연기를 완벽하게 해내고, 억양까지 자연스럽게 조절한다. 이때는 더 깊은 단서를 찾아야 한다.

미세한 근육의 떨림, 호흡의 리듬 변화, 말의 속도 조절 패턴까지. 그 안에는 압박이나 의도된 설계가 숨어 있다. 당신은 지금까지 얼마나 많은 미묘한 신호들을 놓쳤는가. **작은 변화에 민감해지는 것, 그것이 조종을 막는 첫 번째 감각이다.**

행동 패턴이 가리키는 신호

민감하게 무엇을 감지해야 할까? 바로 패턴이다. 사람의 말과 행동은 단순한 습관이 아니라, 심리 상태와 의도를 드러내는 신호다. 작은 말투, 반복되는 행동, 일정한 태도는 상대방의 내면을 은밀히 비춰준다. 예컨대 어떤 사람이 중요한 순간마다 웃음으로 얼버무린다면, 그것은 불안을 감추려는 패턴일 수 있다. 그러나 이런 신호를 읽을 때는 반드시 맥락을 고려해야 한다. 같은 행동이라도 상황에 따라 전혀 다른 의미를 가질 수 있기 때문이다. 자주 시계를 보는 행동은 지루함일 수도 있지만, 단순히 약속에 늦을까 걱정하는 것일 수도 있다.

언어 외적인 행동 역시 중요한 단서를 제공한다. 시선의 처리, 호흡의 리듬, 미세한 표정은 의도적으로 숨기려 해도 쉽게 제어되지 않는다. 심리학자 폴 에크만은 찰나의 표정 변화 속에 진짜 감정이 드러난다고 밝혔다. 억지 웃음 속에서도 눈가 근육은 긴장을 숨기지 못하고, 분노를 누르려 해도 입술은 미세하게 떨린다.

관계의 맥락에서 반복 행동은 더욱 분명한 신호로 작동한다. 연인이 평소 쓰지 않던 존댓말을 반복하거나, 연락 간격이 일정하게 길어진다면 감정적 거리 두기의 신호일 수 있다. 직장 회의에서 특정 주제만 나오면 침묵하는 사람이 있다면 그 패턴은 회의 주제에 대한 불만이나 이해 부족을 드러낸다. 늘 먼저 연락하던 친구가 연락 빈도를 줄인다면, 관계의 균열을 암시할 수 있다.

하지만 모든 패턴이 '진짜 신호'인 것은 아니다. 조종자는 의도적으로 가짜 패턴을 만들어내기도 한다. 일부러 무심한 척 행동해 상대가 먼저 다가오게 만들거나, 고의적으로 긴 침묵을 사용해 상대를 불안하게 만드는 것이다. 이런 계산된 행동은 다크 심리학이 즐겨 사용하는 전략이다.

한 번의 우연은 우연이지만 세 번의 반복은 설계다. 조종자들은 효과가 입증된 루틴을 되풀이한다. 커피를 건네거나 칭찬으로 기분을 띄운 다음 곧장 부탁을 꺼내는 사람, "3개 남음" 같은 희소성 뒤에 "오늘만"을 붙이는 상술, 사람들 앞에서 공개 칭찬을 해 신뢰를 쌓은 다음 1:1로 과제를 던지는 상사, "미안해"라고 운을 떼며 원칙을 깨달라 요청하는 방식, "이건 너만 알아"라며 비밀을 나눠 다른 조언자를 차단하는 접근은 모두 전형적인 패턴이다. 연애에서는 사랑 폭탄으로 끌어올린 뒤 온도를 급격히 낮추고, 다시 사랑을 회복하려면 특정 행동을 요구하는 방식이 반복되고, 직장에서는 "이번만"이 관성화되다 어느새 평가와 연결된다. 가족 관계에서는 조건부 칭찬을 건넨 뒤 비교와 죄책감으로 끌고 가는 궤적이 흔하다. 패턴을 보면 다음 수가 보이고, 다음 수가 보이면 대비가 가능해진다.

상대의 루틴만 있는 것이 아니다. 우리 각자에게도 '끌려가는 루틴'이 있다. 특정 톤을 들으면 자동으로 "네"가 튀어나오거나, "다들"이라는 단어를 듣는 순간 죄책감이 켜지고, 침묵이 길어지면 불안을 못 견뎌 먼저 양보하는 습관 같은 것들이다. 패턴을 본다는 것은 상대를 의심하려는 게 아니라 내 자동화를 발견해 멈추려는 시도다. 내 버튼을 알면 방어의 순서를 만들 수 있다. "버튼 감지 → 10초 지연 → 짧은 완충 문장 → 검증 요청" 같은 나만의 고정 루틴을 미리 정해 두면, 현장에서 쓸 대본이 생긴다.

  이어지는 2부부터 우리는 각각 인지, 감정, 관계, 장기적 영향력의 부분에서 스스로를 지키는 방어술을 배우게 될 것이다. 행동 요령은 다양하지만 메시지는 단순하다. 민감해져라. 억양과 침묵, 순서와 속도 등 미세한 떨림을 듣는 귀를 먼저 세워라. 패턴을 보라. 세 번 반복되면 규칙이고, 규칙이 보이면 대비는 쉬워진다. 그리고 그 대비는 질문, 객관화, 확신이라는 세 축에서 완성된다. 이 감지력을 실제 기술과 문장으로 바꿔, 당신의 하루에서 조작이 끼어들 틈을 줄여 나갈 것이다.

"질문은 속임수를 무너뜨린다"

2부

인지 조작 방어하기

한발 떨어져서 바라보라

생각을 되짚어보는 두 번째 시선

그 순간 당신은 완전히 확신했다. 상사의 제안이 합리적이고, 팀을 위한 최선의 선택이라고 느꼈다. 그런데 잠깐, 정말로 그럴까. 아니면 그렇게 느끼도록 유도당한 것일까. 왜 평소에는 의심스러웠던 그 상사의 말이 오늘따라 이렇게 설득력 있게 들리는 걸까. 바로 이 순간, 당신에게 필요한 것은 '생각을 바라보는 생각'이다.

조종당하는 순간은 언제나 확신으로 포장된다. 상대방의 말이 논리적으로 들리고, 감정적으로 수용되며, 직관적으로 옳다고 느껴진다. 하지만 바로 이 확신이야말로 가장 위험한 신호다. 메타인지 metacognition 는 내가 무엇을 알고, 무엇을 모르는지, 지금 어떤 심리적 영향에 노출되어 있는지를 자각하는 능력이다. 마치 자신의 뇌 활동을 모니터링하는 또 다른 뇌가 있는 것처럼, 한 발 물러서서 자신의 사고 과정을 관찰하는 것이다.

  노스웨스턴 대학교 연구팀은 이 점에 주목해 사람들이 잘못된 정보에 얼마나 쉽게 영향을 받는지, 그리고 메타인지가 이런 취약성을 줄여줄 수 있는지를 연구했다. 연구에서 참가자들은 사실과 오류가 섞여 있는 짧은 이야기를 읽었다. 일부 그룹은 단순히 읽기만 했지만, 다른 그룹은 읽는 도중 "이 내용이 정말 정확한가?", "내가 이걸 믿는 이유는 뭘까?" 같은 질문에 답하며 스스로 점검하는 훈련을 받았다. 이후 참가자들은 이야기에서 본 사실이 맞는지 틀린지를 판단하고, 내용을 얼마나 기억하는지 시험을 치렀다.

내가 나를 끊임없이 점검하도록 만들어야 한다.

  결과는 분명하다. 메타인지적 성찰을 한 그룹은 잘못된 정보를 훨씬 덜 믿었고, 기억 오류도 크게 줄어들었다. 반면 단순히 읽기만 한 그룹은 잘못된 정보도 쉽게 사실처럼 받아들였고, 이후 질문에도 틀린 답을 내놓는 경우가 많았다. 연구진은 사람들이 보통 자신이 얼마나 쉽게 속는지조차 인식하지 못한다고 지적한다. 즉, '나는 잘 구분할 수 있다'는 과신이 오히려 잘못된 정보에 취약하게 만든다는 것이다.

이 연구가 주는 교훈은 명확하다. 스스로 "이게 사실일까?", "내가 이 정보를 신뢰하는 이유가 뭘까?"라고 끊임없이 점검하는 습관을 들여야 한다. 메타인지를 기르는 이런 훈련이야말로 인지 왜곡으로부터 스스로를 지켜내는 가장 강력한 방패가 될 수 있다. **문제는 우리 대부분이 스스로 합리적이라고 착각한다는 것이다.** 확증 편향, 후광 효과, 권위에 대한 복종, 사회적 증명 등 수십 가지 인지적 함정들이 우리의 판단을 왜곡하고 있는데도 말이다. 나는 지금 정말로 독립적으로 생각하고 있는가? 아니면 누군가가 만들어놓은 프레임 안에서 생각하고 있는가? 내 확신의 근원은 무엇인가? 왜 평소와 다른 판단을 내리려고 하는가?

원칙1 가장 확신할 때 의심하라

메타인지의 핵심은 자신의 사고 과정을 실시간으로 관찰하고 평가하는 능력이다. 조종자들이 가장 두려워하는 것이 바로 이 능력이다. 왜냐하면 상대방이 자신의 생각을 객관화하기 시작하면 조종이 거의 불가능해지기 때문이다.

"이번엔 정말 확실해!" 복권을 사면서, 주식을 팔면서, 연인과 결별하면서, 새로운 직장을 선택하면서 우리는 종종 이런 말을 한다. 하지만 과거를 돌아보면, 가장 확신했던 순간들이 가장 큰 실수였던 경우가 많다. 왜 그럴까. 확신은 종종 조작의 결과이기 때문이다. **내가 확신하는 순간은 다크 심리학 사용자들이 가장 기다리고 있던 순간이다.** 의심하는 사람은 설득이 어렵지만, 확신하는 사람은 확신의 방향만 바꿔주면 된다. 지나치게 확실해 보이는 결론에는 반드시 심리적 편향이 숨어 있다. "모두가 그렇게 한다"거나 "이건 분명히 맞는 선택" 같은 감각이 들 때, 오히려 멈추고 자신을 의심해야 한다.

확신의 순간이 지나면 깨닫는다.
"내가 그때 왜 그랬지?"

갑작스러운 확신은 특히 위험하다. 어제까지만 해도 의구심이 들었던 일이 오늘 갑자기 완벽해 보인다면, 그 사이에 무슨 일이 있었는지 되돌아봐야 한다. 상사가 몇 가지 '확실한' 근거를 제시했는가? 다른 사람의 성공 사례를 들었는가? 당신을 격려하는 말을 들었는가? 이 모든 것들이 확신을 인위적으로 만들어내는 기법들이다. 외부 압력과 함께 생긴 확신도 의심해야 한다. 누군가 "지금 결정하지 않으면 기회를 놓친다"며 재촉할 때 생긴 확신, "다른 사람들은 다 이렇게 한다"라는 말을 듣고 생긴 확신, "당신이라면 할 수 있다" 하는 격려를 받고 생긴 확신들은 모두 조작된 확신일 가능성이 높다.

원칙2 판단 과정과 근거를 점검하라

좋은 결정을 내리려면 결정 과정 자체를 점검하는 습관이 필요하다. 특히 중요한 결정일수록 "내가 왜 이런 결정을 내리려고 하는가?"를 다시 묻고 점검해야 한다. 그리고 그 결정 과정에서 외부 요인들이 작용하지는 않았는지 돌이켜보아야 한다. 시간 압박은 없었는가? 누군가의 의견에 과도하게 의존하고 있지는 않은가? 감정적 상태가 판단을 흐리고 있지는 않은가? 부족한 정보로 성급한 결론을 내리고 있지는 않은가? 권위 편향도 점검해야 한다. 상사, 전문가, 나이 많은 사람의 의견이라는 이유만으로 무비판적으로 수용하고 있지는 않은가? "이 사람이 말했으니까 맞겠지"라는 생각이 든다면, 그 내용 자체를 객관적으로 평가해보라.

"이게 정말 내 생각인가"를 되돌아보는 것이 기본이다.

사회적 증명 편향도 위험하다. "다른 사람들도 다 그렇게 한다"는 이유로 결정을 내리려 한다면, 정말로 다른 사람들이 그렇게 하는지, 그들의 상황과 내 상황이 같은지 점검해보라. 가장 중요한 것은 반대 의견이나 대안을 의도적으로 찾아보는 것이다. 한 가지 선택지만 보이거나, 모든 근거가 한 방향을 가리킬 때는 특히 조심해야 한다. 누군가 의도적으로 다른 선택지를 숨기고 있거나 다른 이유로 자신의 시야가 좁아졌을 가능성이 높다.

원칙3 감정 변화의 원인을 추적하라

조종의 핵심은 감정 조작이다. 논리는 거부할 수 있지만 감정은 저항하기 어렵다. 따라서 자신의 감정 상태를 실시간으로 모니터링하는 것이 중요하다. 특히 갑작스러운 감정 변화나 과도한 감정 반응이 일어날 때는 그 원인을 추적해야 한다.

죄책감이 갑자기 밀려올 때를 생각해보자. 연인이 "네가 날 정말 사랑한다면…"이라고 말한 직후 죄책감을 느낀다면, 그 죄책감이 정당한 것인지 의심해야 한다. 사랑을 증명해야 할 의무가 정말 있는가? 왜 갑자기 사랑을 의심받고 있는 기분이 드는가? 이런 질문들을 던져보라. 분노도 마찬가지다. 누군가 당신을 화나게 만드는 말을 했을 때, 즉시 반응하기보다는 "왜 나는 지금 화가 나고 있을까?"를 자문해보라. 그 화가 상황에 비해 과도한 것은 아닌가? 상대방이 의도적으로 당신을 자극한 것은 아닌가?

조급함과 불안감도 조종의 도구로 자주 사용된다. 부동산 중개업자가 "다른 분도 관심을 보이고 있어서…"라고 말할 때 느끼는 조급함, 상사가 "시간이 얼마 없다"고 말할 때 느끼는 불안감들이 모두 인위적으로 조성된 것일 수 있다. 감정

추적의 핵심은 "이 감정이 외부 자극에 의해 유발된 것인가, 아니면 내 내면에서 자연스럽게 나온 것인가?"를 구분하는 것이다. 누군가와 대화한 직후 감정이 급변했다면, 그 대화에서 어떤 조작 기법이 사용되었는지 분석해보라.

쉽게 할 수 있는 메타인지 방어술

협상 상황에서는 상대의 말에 즉각 반응하지 않고, 잠시 멈춘 뒤 '내가 왜 이런 기분이 들지?'를 묻는 습관을 가져라. 상대방이 "이건 정말 좋은 조건이에요"라고 말할 때, 즉시 "정말 좋은 조건인가?"를 판단하려 하지 말고, 먼저 "왜 나는 지금 좋은 조건이라고 느끼고 있을까?"를 자문하라. 직장에서는 상사의 지시가 당연해 보일 때조차, '이 판단이 정말 합리적인가, 아니면 권위 때문에 무비판적으로 수용한 것인가'를 점검해야 한다. 상사가 "이 일은 네가 해야 할 것 같은데"라고 말할 때, 즉시 "왜 이 일을 내가 해야 한다고 생각하게 되었을까?"를 자문하라.

질문하면 조종이 멈춘다.

가족 관계에서는 더욱 복잡하다. 부모가 "우리에게는 너밖에 없잖아"라고 말할 때, 즉시 책임감을 느끼기보다는 '왜 나는 지금 죄책감을 느끼고 있을까? 이 책임감이 정당한 것일까?' 하고 생각해보라. 연애를 할 때는 상대방이 "우리는 운명이야", "이렇게 잘 맞는 사람은 처음이야"라고 반복해서 말할 때의 확신을 의심해야 한다. 그 확신이 정말 내 마음에서 나온 것인가, 아니면 반복적인 암시에 의한 것인가?

소비 상황에서는 "마지막 기회", "한정 수량", "지금 아니면 후회" 같은 문구들이 만들어내는 확신을 의심하라. 그 순간에는 정말로 지금 사지 않으면 큰 손해를 볼 것 같은 느낌이 들지만, 대부분 인위적으로 조성된 조급함이고 무시해버려도 큰 문제는 생기지 않는다.

메타인지 방어술의 한계

메타인지 방어술을 너무 성실히 사용하면 과도한 자기 의심으로 이어질 수 있다. 건전한 회의주의는 더 나은 판단을 가능하게 하지만, 병적인 의심은 아무것도 결정하지 못하게 만든다. 모든 것을 의심하는 것은 또 다른 병증일 뿐 메타인지가 아니다. 메타인지 방어술을 적용하려고 노력해도, 감정이 격해진 후에는 적용하기 어렵다. 이미 화가 나거나 흥분한 상태에서는 객관적 관찰이 거의 불가능하다. 따라서 감정이 올라오는 바로 그 순간, 0.5초라도 멈추고 "지금 무슨 일이 일어나고 있는 거지?"라고 자문하는 것이 핵심이다.

무엇보다 메타인지 자체를 조종의 도구로 사용하는 경우도 있다. "당신은 너무 의심이 많아", "이렇게 따지면 아무것도 할 수 없어"라며 메타인지 자체를 공격하는 사람들이 있다. 이런 반응이야말로 당신이 올바른 길을 가고 있다는 증거일 수 있다.

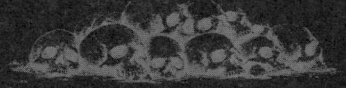

메타인지 방어 전략에 성공하는 사람의 말버릇

◆ **확신이 들 때 다시 생각하라**
　→ "어제까지 의구심이 들었는데 왜 갑자기 확신이 드는가?"

◆ **과도한 감정 반응의 외부 자극을 확인하라**
　→ "이 감정이 외부에서 유발된 것인가, 내면에서 나온 것인가?"

◆ **판단에 영향을 주는 편향 요소를 점검하라**
　→ "내가 왜 이런 방향으로 생각하게 되었는가?"

메타인지 방어 체크리스트

■ 강한 확신이 들 때 일단 멈추고 근거를 재검토하라

■ 감정적 반응이 클 때 외부 유발 요인을 의심하라

■ 중요한 결정 전에 자신의 사고 과정을 점검하라

■ 의심을 내면화하고 외부에는 신중히 표현하라

언어의 감옥을 깨부숴라

사고는 언어의 틀에 갇힌다

자 상담사가 당신에게 말한다. "이 상품은 성공률이 90%입니다. 거의 확실한 수익을 보장해드릴 수 있어요." 그 순간 당신의 마음속에는 '90%라니, 거의 성공이 보장된 거네'라는 생각이 든다. 하지만 잠시만, 그 말을 다시 들어보자. "이 상품은 실패율이 10%입니다. 10명 중 1명은 손실을 볼 수 있어요." 같은 숫자인데 느낌이 완전히 다르지 않은가. 바로 이것이 언어 조작의 시작점이다.

다크 심리학 조종자들의 가장 강력한 무기는 말이다. 같은 사실도 어떻게 포장하느냐에 따라 완전히 다른 결정을 유도할 수 있다. 프레이밍 효과 framing effect 는 인간의 뇌가 절대적 정보보다는 상대적 틀에 더 민감하게 반응한다는 것을 보여준다. "성공률 90%"와 "실패율 10%"는 동일한 수치지만, 사람들은 전혀 다르게 반응한다. 의료진이 수술 성공률을 설명할 때도 마찬가지다. "이 수술은 95% 성공합니다"라고 말하면 환자는 안심한다. 하지만 "이 수술로 20명 중 1명이 사망합니다"라고 말하면 같은 확률임에도 불구하고 완전히 다른 반응을 보인다. 조종자는 바로 이 착시를 이용해 당신의 판단을 틀에 가둔다.

말이라는 포장지를 벗기고 본질을 직시해야 한다.

그런데 진짜 무서운 점은 우리가 이런 조작을 당하고 있다는 사실 자체를 깨닫지 못한다는 것이다. 언어는 너무나 자연스럽게 우리의 사고를 지배한다. 하지만 언어를 해체하는 습관을 가지면 조종자의 함정에서 벗어날 수 있다. 나는 지금 누군가의 언어적 틀 안에서 생각하고 있는가? 이 표현 방식이 내 판단에 어떤 영향을 주고 있는가? 만약 이 말을 반대로 표현한다면 어떤 느낌일까?

원칙1 근본적인 질문을 찾아내라

언어 조작의 핵심은 선택적 정보 제시와 감정적 포장이다. 조종자들은 자신에게 유리한 면만 부각시키고, 불리한 면은 숨기거나 다른 방식으로 포장한다. 이를 막으려면 언어를 해체하고 재구성하는 능력이 필요하다.

모든 프레이밍에는 숨겨진 전제 조건이 있다. 다크 심리학에서는 이 전제 조건을 당연한 것처럼 포장하여 상대방이 의문을 시작부터 차단해버린다. 하지만 전제 조건 자체를 의심하고 분석하면 조작의 구조가 드러난다. "이 제안을 받아들일 건가, 거절할 건가?"라는 질문에는 "이 제안을 고려해야 한다"라는 전제가 숨어 있다. 하지만 정말로 그 제안을 고려할 필요가 있는가? "왜 이 제안이 필요한가?"가 먼저 답해야 할 질문일 수 있다.

더 먼저 답해야 할 질문, 그것이 근본적인 질문이다.

연인이 "나랑 그 사람 중에 누가 더 중요해?"라고 물을 때, 그 질문에는 "둘 중 하나를 선택해야 한다"라는 전제가 깔려 있다. 하지만 "왜 둘 중 하나를 선택해야 하는가?"가 더 근본적인 질문이다. 실제로는 양립 가능한 관계일 수도 있고, 아예 다른 해결책이 있을 수도 있다. 직장에서 상사가 "이 업무를 언제까지 끝낼 수 있어?"라고 물을 때도 마찬가지다. 그 질문에는 "당신이 이 업무를 맡는다"는 전제가 숨어 있다. 하지만 "왜 이 업무를 내가 해야 하는가? 다른 사람이 하면 안 되는 특별한 이유가 있는가?"라고 전제 자체를 의심해야 한다. 부동산 중개업자가 "이 집과 저 집 중에 어느 것이 좋을까요?"라고 물을 때, "둘 가운데 선택해야 한다"라는 전제를 의심하라. "다른 대안은 없는가?" 하고 질문의 범위를 확장해보라.

원칙2 표현을 뒤집어보라

같은 정보를 반대 방향으로 표현해보는 것이 가장 효과적인 방어 기법이다. 카네기 멜론 대학교의 연구는 우리가 생각하는 방식을 조금만 바꾸면, 다른 사람의 설득에 쉽게 넘어가지 않을 수 있다는 것을 보여준다. 연구팀은 실험 참가자들에게 '이 상황을 반대 관점에서 본다면 어떨까?'와 같은 질문들을 던지게 했다. 그 결과, 이러한 간단한 질문만으로도 사람들은 정보의 틀에 갇히지 않고 다른 가능성을 찾아내기 시작했다.

이 연구는 설득에 저항하는 가장 강력한 방법이 **단순히 정보를 많이 아는 것이 아니라, 생각하는 방식 자체를 바꾸는 것임을 시사한다.** 누군가 어떤 주장을 할 때, 그 주장의 반대편은 무엇인지, 다른 시각에서 보면 어떨지 스스로에게 질문하는 습관을 들이는 것이 설득의 압박으로부터 자신을 지키는 가장 효과적인 방법이다. 핵심은 자동적으로 반대 표현을 만들어보는 습관을 기르는 것이다.

"한정 특가"라는 광고를 보면 즉시 "정상 가격은 얼마나 비싼가?"로 바꿔서 생각해보라. "모든 고객이 만족한다"는 말을 들으면 "불만족한 고객은 왜 언급되지 않는가?"로 재구성해보라. "성공률 90%"는 동시에 "실패율 10%"라는 뜻임을 깨닫는 순간, 조종자의 언어는 힘을 잃는다. 상사가 "이 프로젝트는 80% 성공 가능성이 있어"라고 말할 때 "이 프로젝트는 20% 실패 위험이 있다"로 재구성해보라. 같은 정보인데 완전히 다른 관점이 보일 것이다.

정치인의 발언도 마찬가지다. "일자리 창출"이라는 말을 들으면 "현재 실업 상태는 어떤가?"로, "경제 성장"이라는 말을 들으면 "성장하지 못한 부분은 무엇인가?"로 뒤집어서 생각해보라. 이렇게 하면 선택적으로 제시된 정보의 한계가 명확해진다.

원칙3 제3의 선택지를 적극 탐색하라

조종자들은 종종 이분법적 선택지만 제시하여 사고를 제한한다. "찬성 아니면 반대", "A 아니면 B"라는 식으로 선택지를 제한하면, 사람들은 그 틀 안에서만 생각한다. 하지만 실제로는 거의 모든 상황에서 제3의 대안이 존재한다. 복잡한 문제를 단순하게 보이게 만드는 대표적인 화술이 바로 이분법적 선택이다. 듣는 사람은 다양한 대안을 생각할 기회를 빼앗기고, 결국 말하는 쪽이 원하는 방향으로 선택을 하게 된다.

2001년 9월 20일, 부시 대통령은 미국 의회에서 9·11 테러 직후의 상황을 다루며 이렇게 말했다.

"모든 지역의 모든 국가는 이제 결정을 내려야 합니다. 당신은 우리와 함께하든지, 아니면 테러리스트와 함께하든지 둘 중 하나입니다."

 이 발언은 논리학에서 말하는 허위 딜레마 false dilemma 의 대표적인 사례다. 허위 딜레마란 사실은 다양한 선택지가 존재함에도 불구하고, 마치 두 가지 길밖에 없는 것처럼 상대방을 몰아가는 화법이다. 부시는 이 수사로 다른 나라들이 중립을 유지하거나 조건부로 지지할 수 있는 가능성을 차단했다. 국제 관계는 복잡하게 얽혀 있지만, 그의 발언은 이를 단순히 '미국 편'과 '테러리스트 편'이라는 극단적 이분법으로 나누었다. 이렇게 선택지를 인위적으로 줄이면 청중은 더 빠르고 감정적인 결정을 내리게 되고, 결과적으로 미국의 대테러 전쟁을 지지하도록 압박받게 된다.

 이런 화술이 강력하게 작동하는 이유는 사람들의 심리와 관련이 있다. 우선, 선택지가 많을수록 사람들은 오히려 결정을 내리기 어렵고 피로감을 느낀다. 그런데 두 가지만 놓고 보게 되면 사고 과정이 단순해지고 부담이 줄어들기 때문에 빠르게 결정을 내리게 된다. 또 하나는 대조 효과다. 두 가지를 강하게 대비시키면 원하는 쪽의 장점이 더욱 뚜렷해지고, 상대적으로 다른 선택지는 약점만 크게 보인다. 마지막으로 이

기법은 종종 '지금 당장 결정해야 한다'는 압박감을 주거나, '모든 가능성을 고려해 내가 결론을 압축했다'는 식의 권위를 내세우는 데 쓰인다.

선택지는 많다. 잠시 보지 못하고 있을 뿐이다.

앞서 언급한 카네기 멜론 대학교의 연구의 연구를 참고해 보면, 질문을 재구성하는 훈련을 받은 그룹은 제한된 선택지를 제시받았을 때도 70% 이상이 제3의 대안을 찾아냈다. 정치인들이 "증세를 할 것인가, 복지를 줄일 것인가?"라는 이분법을 제시할 때, "정부 지출 효율성을 높일 방법은 없는가?", "다른 재원 확보 방안은 없는가?" 같은 제3의 선택지를 적극적으로 탐색하라. 이분법은 대부분 인위적으로 만들어진 것이다. 투자 상담사가 "A상품과 B상품 중 어느 것이 좋을까요?"라고 물을 때, "왜 지금 투자해야 하는가? 투자하지 않는 것도 하나의 선택이 아닌가?"라고 질문을 확장하라. 상품 선택이 아니라 투자 시점이나 투자 필요성 자체를 재검토해보라.

연애에서도 "결혼할 것인가, 헤어질 것인가?"라는 이분법에 갇히지 마라. "지금 상태를 유지하면서 더 알아가는 것",

"잠시 거리를 두고 생각해보는 것", "관계의 형태를 바꿔보는 것" 등 다양한 대안이 있다. 직장에서 "이 프로젝트를 맡을 것인가, 거절할 것인가?"라는 선택지 외에도 "일부만 담당하는 것", "팀을 구성해서 진행하는 것", "다른 시기에 진행하는 것" 등의 대안을 제시할 수 있다.

쉽게 할 수 있는 프레이밍 방어술

쇼핑할 때 "50% 할인"이라는 문구를 보면, "원가의 50%가 여전히 적정한 가격인가?"로 바꿔서 생각하라. 처음부터 원가를 비싸게 잡아두고 상시 할인을 하는 상품도 많다. "마지막 기회"라는 압박을 받으면, "왜 마지막이어야 하는가? 정말로 다른 기회는 없는가?"라고 질문하라. 대부분의 "마지막 기회"는 인위적으로 만들어진 조급함이다.

광고를 볼 때는 긍정적 표현을 부정적 수치로 즉시 변환하는 습관을 가져라. "99% 순수한 제품"이라는 광고를 보면, 1%는 무엇인지 물어볼 수 있어야 한다. 협상 상황에서는 상대방이 제시한 선택지의 전제 조건을 반드시 의심하라. "이 조건과 저 조건 중에 선택하세요"라고 할 때, "왜 이 두 조건만 가능한가? 다른 대안은 정말 없는가?"라고 질문하라. 대부분의 협상에서 표면적 선택지 외에 숨은 대안들이 존재한다.

SNS에서 정치 게시물을 볼 때도 마찬가지다. "A정당이 옳다"라는 메시지를 보면, "A정당이 틀린 부분은 무엇인가?"로 바꿔서 생각해보라. B정책이 실패했다"는 메시지를 보면, "B정책이 성공한 부분은 무엇인가?"로 균형을 맞춰보라.

가족 관계에서 부모가 "우리를 위해서 이렇게 해줘"라고 말할 때, "우리를 위한다는 것이 정확히 무엇을 의미하는가? 나를 위한 것이기도 한가?"라고 질문을 확장하라. 친구가 "진짜 친구라면 이해해줄 거야"라고 말할 때, "진짜 친구라면 무리한 요구를 하지 않을 거야"라고 프레임을 뒤집어보라.

연인 관계에서는 '솔직함'이라는 단어가 자주 프레임으로 사용된다. "우린 서로 솔직해야 하잖아. 솔직하다면 휴대폰 보여줄 수 있지?"라는 말이 대표적이다. 겉으로는 정직함을 요구하는 것 같지만, 실제로는 '솔직함은 사생활 공개'라는 프레임을 씌운 것이다. 이 프레임을 그대로 받아들이면 거절은 곧 불성실, 은폐, 나아가 사랑하지 않는 증거처럼 보인다. 방어법은 프레임을 다시 정의하는 것이다. "솔직함은 감정을 숨기지 않는 것이지, 사생활을 모두 공개하는 건 아니야."라고 기준을 새롭게 설정하면, 상대의 프레임에 갇히지 않고 대화를 이어갈 수 있다.

친구 사이라면 '진짜 친구'라는 말이 프레임으로 자주 등장한다. "네가 진짜 친구라면 이번 부탁 들어줄 수 있잖아."라는 말은 '진짜 친구=무조건적인 수락'이라는 프레임을 전제로 한다. 이런 말을 듣는 순간, 거절은 곧 우정의 부정처럼 느껴지게 된다. 방어법은 역프레임을 제시하는 것이다. "진짜 친구라면 서로 상황을 이해해주고, 거절할 권리도 존중하는 거 아니야?"라고 말하면, 오히려 무리한 요구가 '진짜 친구답지 않은 행동'으로 전환된다.

프레이밍 방어술은 거창한 기술이 아니다. 단지 상대가 제시한 틀을 그대로 받아들이지 않고, 다른 틀로 다시 말해보는 것이다. 연인의 '솔직함', 직장의 '팀워크', 친구의 '진짜 친구' 같은 단어들은 설득처럼 보이지만 사실은 조종의 언어일 수 있다. 중요한 것은 그 언어가 내 자유를 제한하는 틀인지 스스로 점검하고, 필요하다면 새로운 틀로 재정의하는 것이다.

프레이밍 방어술의 한계

프레이밍 방어술에 충실히 행동하다 보면 모든 언어를 의심하고 모든 선택지를 거부해야만 한다. 아무것도 빠르게 결정할 수 없게 된다. 의심과 수용의 균형을 맞추어야만 한다.

중요한 것은 프레임을 깨는 데서 멈추지 않는 것이다. 프레임을 무조건 거부하는 것이 아니라, 내가 설정할 수 있는 새로운 기준을 찾는 것이 필요하다. "팀워크는 야근"이라는 프레임을 깨부수는 데서 끝나지 않고, "팀워크란 책임의 공유"라는 새로운 프레임을 제시해야 한다. 단순히 방어하는 것이 아니라, 나에게 유리한 사고의 틀을 설계하는 것이다.

결국 프레임 방어술은 강력하지만 불완전하다. 프레임을 의식하는 순간 이미 영향을 받고 있으며, 조종자는 그 틈을 역이용한다. 그러나 그 한계를 인정하는 것이 곧 더 나은 방어의 시작이다. 프레임을 의심하고 깨뜨리는 동시에, 내가 원하는 기준을 다시 세우는 것. 그것만이 언어의 감옥에서 벗어나 진정한 자유를 회복하는 길이다.

프레이밍 방어에 성공하는 사람의 말버릇

◆ **표현을 뒤집어 의미를 파악한다**
  → "성공률 90%라고 해도 되는데 왜 실패율 10%라고 했을까?"

◆ **전제 조건에 대해 의문을 던진다**
  → "왜 A와 B 가운데서만 골라야 하지?"

◆ **제3의 대안 가능성을 모색한다**
  → "찬성과 반대 말고 다른 관점은 없을까?"

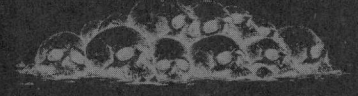

프레이밍 방어 체크리스트

■ 강력한 메시지를 접할 때 반대 표현으로 재구성해보기

■ 제한된 선택지를 제시받으면 질문 자체를 의심하기

■ 감정을 자극하는 언어일수록 냉정한 분석을 적용하기

■ 관계 손상 방지: 재구성을 내면화하고 직접적 반박은 피하기

숫자가 말하는 허위 정보를 식별하라

수치와 통계의 함정

"저희 제품은 97.8%의 고객 만족도를 자랑합니다!" 화려한 그래프와 함께 제시된 수치가 당신의 눈앞에 펼쳐진다. 그 순간 당신의 뇌는 '거의 98%라니, 이건 확실하다'고 반응한다. 하지만 잠깐, 그 97.8%는 과연 어떻게 나온 숫자일까. 몇 명을 대상으로 한 조사인가. 어떤 질문을 했을까. 언제, 어디서, 누가 조사한 것일까. 이런 질문들이 떠오르지 않는다면, 당신은 이미 숫자의 마법에 걸린 것이다.

현대는 정보 전쟁의 시대다. 조종자들은 더 이상 노골적인 거짓말을 하지 않는다. 대신 사실처럼 보이는 가짜 증거를 제시한다. 특히 숫자와 통계는 강력한 무기다. 인간의 뇌는 숫자에 대해 특별한 권위를 부여한다. 수학은 객관적이고 과학적이라는 선입견 때문이다.

숫자는 거짓말을 하지 않는다.
하지만 거짓말쟁이는 숫자를 이용한다.

사람들은 선택을 할 때 숫자가 들어간 정보에 훨씬 더 끌리는 경향이 있다. 이것을 정량화 고착 quantification fixation 이라고 한다. 펜실베이니아 대학교 와튼 스쿨의 연구팀은 숫자는 비교하기가 쉽기 때문에 사람들은 그 숫자에만 집중하고 다른 중요한 맥락을 놓치게 된다는 연구를 내놓았다.

연구진은 여러 개의 작은 실험을 진행했다. 참가자들에게 가상의 구직자 두 명 가운데 누구를 뽑을지 선택하라고 했다. 한 후보는 학점이 높지만 경력이 부족했고, 다른 후보는 학점은 낮지만 경력이 풍부했다. 문제는 이 정보를 어떻게 보여주느냐였다. 어떤 그룹은 학점과 경력을 모두 숫자로 보았다(예: 학점 3.8 vs. 3.0, 경력 2년 vs. 10년). 또 다른 그룹은 학점은 숫자로, 경력은 "매우 부족" 또는 "매우 풍부"처럼 말로 보았다. 마지막 그룹은 반대로 학점을 "매우 우수" 또는 "보통"처럼 말로 제시하고, 경력은 숫자로 표현했다.

숫자가 있는 정보는 사람들을 끌어당긴다.

결과는 뚜렷했다. 정보가 숫자로 표현될 때, 참가자들은 그 정보를 훨씬 더 중요하게 여겼다. 예를 들어, 학점이 숫자로 주어지면 대부분 학점이 높은 후보를 선택했다. 반대로 경력이 숫자로 제시되면 경력이 많은 쪽을 택하는 경향이 강했다. 즉, 숫자가 붙은 정보는 단순히 비교가 쉬워서, 사람들은 그것을 더 "신뢰할 만한 사실"처럼 느끼고 다른 요소를 무시하게 된다. 숫자는 곧바로 크고 작음을 비교할 수 있기 때문에, 사람들의 주의를 빨아들이는 강력한 힘을 가진다는 것이다.

정리하면, 우리는 합리적으로 모든 요소를 따져본다고 생각하지만 실제로는 숫자가 붙어 있느냐 아니냐에 따라 선택이 크게 달라진다. 이 때문에 광고나 마케팅, 심지어 정치 캠페인에서도 "30% 할인", "95% 만족도" 같은 수치가 앞세워지는 것이다. 사람들은 단순히 숫자가 있다는 이유만으로 그것을 더 신뢰하고, 더 중요한 다른 맥락은 놓치기 쉽다.

만약 이 허점을 노리면 가짜 수치라도 구체적으로 제시하면 신뢰도를 높일 수 있다. 그런데 진짜 무서운 점은 많은 수치들이 맥락이 잘려나가거나 일부만 강조된 경우가 많다는 것이다. "80%가 만족했다"는 말은 듣기엔 인상적이지만, 실제 표본이 10명이라면 8명이 만족했다는 뜻이다. 하지만 이것을 80%라고 포장하는 순간 마치 수백 명, 더 나아가서는 수만 명의 압도적 지지를 받는 것처럼 보인다. 즉 이 수치 안에서는 8명의 힘을 8만 명의 힘으로 착각하게 하는 힘이 있다.

허위 정보의 핵심은 완전한 거짓이 아니라 선별적 진실이다. 다크 심리학 사용자들은 자신에게 유리한 데이터만 골라내어 마치 전체 진실인 양 포장한다. 이런 조작을 막으려면 정보에 대한 인지 필터가 필요하다.

원칙1 출처가 없는 정보는 판단을 보류하라

모든 수치와 주장에는 '태어난 곳'이 있다. 수치와 통계를 조작하는 다크 심리학 사용자가 가장 피하고 싶은 질문은 "그 말, 도대체 어디서 나왔나?"다. "연구에 따르면"이라는 말이 나오면 즉시 "어떤 연구? 언제? 누가? 어떤 방법으로?"라고 자문하라. 상대방이 출처를 자신 있게 밝히는지, 아니면 잘 기억이 안 난다거나 나중에 알려주겠다거나, 다른 방식으로 얼버무리는지를 자세히 살펴보라.

출처를 요구할 때는 정보의 최초 출처를 확인하면 좋다. 논문인지, 학회 발표인지, 회사 보도자료인지, 기사 재인용인지 구분한다. 날짜, 저자와 소속, 자금 지원처(이해상충) 등까지 확인한다. 정보의 출처가 1차에 가까울수록 왜곡이 적고, 2·3차로 갈수록 해석과 과장이 끼기 쉽다.

투자 상담사가 "지난 5년 연평균 15% 수익"을 말하면, 그 수치의 근거 문서를 달라 하라. 운용사 브로슈어가 아니라 공시된 운용보고서나 외부 감사보고서인지, 제시 주체가 판매사인지 독립 평가기관인지, 데이터 출처가 무엇인지(공시·벤치마크 제공사 DB 등) 확인한다. 폐지된 상품과 저조한 펀드가 빠진 '선별 표본'은 아닌지도 출처 수준에서 드러난다. 출처가 명확하면 성과의 신뢰 범위가 보이고, 불명확하면 그 자체로 보류 사유다.

건강·의료 정보도 같다. "복용자 90% 효과"라는 문구를 보았는데 중요한 판단이 필요한 경우라면 학술지 출처를 요구한다. 제약사 보도자료나 학회 포스터 요약이면 과장 가능성이 크다. 원문 전문과 데이터 공개 여부, 연구기관·후원사, 관련 학회의 공식 가이드라인과의 일치 여부까지 출처 단계에서 점검한다. 언론 기사만 남고 원 논문이 보이지 않는다면 신뢰도가 높지 않다.

여론조사 수치 역시 조사기관·의뢰처·공표일과 원문 보고서 링크가 기본이다. 질문지 원문·자료실 공개 관행이 있는 기관인지, 공신력 있는 협회·기관에 등록되어 있는지, 과거 예측 기록이 어땠는지도 출처로 판단한다. "지지율 60%"가 기사 제목의 재인용인지, 최초 보고서의 문장인지도 꼭 확인하라. 요점은 하나다. 출처를 끝까지 따라가 원문에 닿는 습관이 다크 심리학 조종자가 사용하는 선별적인 필터링을 걷어낼 수 있다. 물론 모든 정보를 이렇게 추적하기는 어려울 수 있다. 이럴 때 방법은 간단하다. **출처가 없거나 흐릿하면, 믿지 말고 보류하면 된다.**

원칙2 수치의 맥락을 찾아라

영국 통계청은 2023년 보고서에서 통계가 얼마나 쉽게 오해를 불러일으킬 수 있는지를 지적했다. 가장 흔한 오류 중 하나는 '퍼센트 마법'이다. 예를 들어 뉴스를 보다가 "특정 질병 발병률이 200%나 증가했다"라는 자극적인 문구를 본다고 해보자. 듣기만 해도 무섭고 상황이 심각해 보인다. 하지만 이 수치의 속내를 들여다보면 이야기가 달라진다.

실제로는 환자가 1명에서 3명으로 늘어난 것일 수도 있다. 숫자만 보면 고작 2명이 늘어난 것인데, 퍼센트로 표현하면 "200% 증가"라는 엄청난 폭발처럼 보인다. 언론이 절대 수치를 빼고 퍼센트만 강조하면 사람들은 실제보다 훨씬 심각한 위협이 닥친 것처럼 착각하게 된다.

영국 통계청은 바로 이 점을 경고한다. 통계는 사실을 보여주는 도구지만, 어떻게 표현하느냐에 따라 완전히 다른 메시지가 만들어진다. 작은 변화도 거대한 위기로 보이게 할 수 있고, 반대로 중요한 문제도 사소해 보이게 축소할 수 있다. 결국 중요한 건 숫자 자체가 아니다. **숫자가 담고 있는 맥락을 이해해야만 한다.**

맥락을 제거한 통계를 말하는 사람을 의심하라.

통계의 맥락을 빼버리는 다른 사례도 있다. 코로나19 팬데믹 기간 동안 언론에서 "확진자 수 폭증"이라는 표현을 자주 볼 수 있었는데, 사실 그 뒤에는 중요한 배경이 빠져 있었다. 검사 횟수가 늘어나면 확진자 수도 늘어나는 건 당연한 일이다. 하지만 이 단순한 사실을 무시하고 숫자만 내세우면, 마치 바이러스가 갑자기 엄청나게 퍼지고 있는 것처럼 보이게 된다.

영국 통계청은 바로 이런 식의 보도가 대중의 혼란을 불러온다고 지적했다. 숫자만 던지는 건 쉽지만, 그 숫자가 어떤 상황에서 나온 것인지, 어떤 한계가 있는지를 설명하지 않으면 오해가 필연적으로 생긴다. 그래서 통계를 살필 때에는 반드시 **통계의 불확실성과 한계까지 함께 찾아보아야만 한다.** 그래야만 숫자를 있는 그대로 이해하고, 불필요한 공포나 혼란에 휘둘리지 않는다.

숫자는 맥락을 벗어나면 전혀 다른 의미가 된다. 조종자들은 의도적으로 맥락을 제거하거나 왜곡하여 자신에게 유리한 해석을 만들어낸다. 하지만 맥락을 복원하고 비교군을 설정하면 진실이 드러난다.

"우리 회사 직원 만족도 85%"라는 발표를 들으면, 익명 조사였는지, 강제 참여였는지, 어떤 질문을 했는지 확인해야 한다. 더 중요한 것은 "업계 평균은 몇 퍼센트인가? 작년 대비 증감은? 다른 지표들과 일치하는가?"를 물어보는 것이다.

다이어트 제품 광고에서 "평균 5kg 감량"이라고 할 때, 비교군 설정이 핵심이다. "운동만으로는 얼마나 빠질까? 식단 조절만으로는? 아무것도 하지 않았다면?" 대부분의 다이어트 광고에서는 이런 비교군 정보를 제공하지 않는다. 왜냐하면 실제로는 제품의 효과가 미미할 가능성이 높기 때문이다. 부동산 정보에서도 맥락이 중요하다. "이 지역 집값 20% 상승"이라는 뉴스를 보면, "어떤 기간 동안? 어떤 유형의 부동산? 다른 지역과 비교하면? 전체 시장 대비로는?"을 확인해야 한다. 특정 기간이나 특정 유형만 골라내면 얼마든지 과장된 수치를 만들 수 있다.

연애에서도 마찬가지다. 상대방이 "내 전 연인들은 모두 질투가 심했어"라고 말한다면, "정말 모두였을까? 그들의 관점에서는 어떨까? 질투의 기준이 무엇일까? 다른 사람들과 비교하면 어떨까?"를 생각해보라.

원칙3 균형 검증을 수행하라

하나의 주장만 들었을 때는 반드시 반대편 데이터를 함께 확인한다. 이는 선별적 편향을 가장 실무적으로 잡아내는 방법이며, "무엇이 맞나?"를 묻기 전에 "무엇이 빠졌나?"를 먼저 묻는다. 광고·보도·보고서가 내미는 핵심 수치 옆에 대조군을 세우면 숨겨진 맥락이 드러난다.

첫째, 의도적으로 반대 증거를 찾는다. "만족도 95%" 문구를 보면 불만족한 리뷰를 직접 읽는다. 긍정적 후기뿐만 아니라, 기간 필터와 별점 하위 리뷰까지 확인한다. 의료·건강 정보는 효과 사례만 제시되면 부작용·무효 사례를 포함한 체계적 문헌고찰이나 가이드라인을 찾아 대조한다.

둘째, 누락된 집단을 찾는다. "국민 대다수가 지지한다"는 보도를 보면 조사기관이 다른 여론조사 결과와 비교한다. 표본이 특정 지역·연령에 편중되지 않았는지, 동일 시기의 타 기관 수치와 얼마나 어긋나는지 확인한다. 직장 보고서라면 성과가 좋은 팀만 묶은 값인지, 전체 조직 기준 값인지 구분한다.

수치 검증을 잊은 사람은 정보 검증도 잊는다.

셋째, 비교 기준을 세운다. "매출 50% 증가"는 같은 기간 업계 평균, 주요 경쟁사, 물가상승률과 나란히 놓고 본다. "우리 앱 이탈률 10%"는 업계 벤치마크나 이전 분기와의 변화율을 함께 본다. 다이어트 "평균 5kg 감량"은 운동만, 식단만, 아무것도 하지 않은 집단과의 차이를 찾아 본다.

넷째, 시간 축을 늘린다. 단일 연도나 특정 주간만 골라낸 성과는 왜곡되기 쉽다. 최소 3년 추이를 보며 기저선 대비 얼마나 개선됐는지 확인한다. 주가·방문자·만족도처럼 변동성이 큰 지표는 이동평균이나 전년 동기 대비로 대조한다.

다섯째, 말의 범위를 실제 수치로 좁힌다. "대부분, 압도적, 대다수" 같은 표현은 퍼센트와 표본 수로 환산해 본다. "대부분 만족"이 62%인지 92%인지, "소수 불만"이 8명인지 800명인지 확인한다. 숫자로 환원하면 과장이 줄고 비교가 가능해진다.

여섯째, 대조표를 습관화한다. 주장 수치-출처-대조군-기간-표본수의 5칸 표를 머릿속(또는 메모)에 그려 빈 칸이 있으면 판단을 보류한다. 빈 칸이 많을수록 정보의 질은 낮아진다. 이렇게 반대편 데이터와 비교 기준을 의도적으로 붙여 보는 순간, '선별적 진실'은 힘을 잃는다. 균형 검증은 의심하라는 구호가 아니라, 항상 대조군을 붙인다는 행동 규칙이다.

쉽게 할 수 있는 허위 정보 식별 사례

친구가 다이어트 제품을 권하며 "사용자 90%가 5kg 이상 뺐대"라고 말한다. 이럴 때는 바로 숫자의 뒷면을 묻는다. "표본이 몇 명인가? 평균(평균값) 기준인가, 중앙값인가? 기간은 몇 주인가? '5kg 이상'은 물·염분 변화 제외했나? 운동·식단을 동시에 한 사람은 제외했나?" 같은 질문만 던져도 광고성 통계인지 금세 드러난다. 대부분은 짧은 기간, 소수 표본, 다른 요인 미통제로 만들어진 숫자다.

학원 상담에서 "우리 학원 합격률 95%"를 들었을 때도 같다. "모집단이 누구인가(수강 완료자만인가, 중도 포기생 포함인가)? 시험 난이도가 달랐던 연도는 분리했나? 지원 자체가 쉬운 전형만 집계했나? 모의·본시험을 구분했나? 표본 수와 기간은?"을 확인한다. 생존자만 남겨 평균을 올리는 생존자 편향을 막는 핵심 질문들이다.

보험·투자 권유 자리에서 "연평균 12% 수익"을 들으면 즉시 맥락을 붙인다. "수수료·세후 실수익은 몇 %인가? 최악의 해 수익은? 기준지수(S&P, 코스피 등) 대비 초과수익인가? 백테스트(가상)인지 실거래 데이터인지? 표본 기간이 좋은 구간만 골라진 건 아닌가?" 숫자만 들으면 커 보이지만, 베이스라인(비교 기준)을 붙이는 순간 현실 크기가 보인다.

직장 동료가 "신규 프로세스로 업무 시간이 50% 줄었다"고 보고할 때는 정의를 고친다. "무엇을 '업무 시간'으로 정의했나? 준비·대기·수정 시간을 포함했나? 평균이 줄었나, 중앙값이 줄었나?" 보고서가 일부 단계만 골라 시간 절감을 부풀렸는지 가려낸다.

부동산·중고거래에서 "이 동네 시세가 20% 올랐다"는 말을 들으면 범위를 좁힌다. "어떤 주택 유형(신축/구축, 평형) 기준인가? 체결가(등기)인가, 호가(부르는 값)인가? 거래량은 충분했나? 전년 동기 대비인가? 같은 단지 내에서도 편차가 큰데 중앙값 기준인가?" 상대·절대·표본의 차이를 확인하면 과장된 상승률이 꺼진다.

트레이너가 "체지방률 10%로 떨어졌다"고 자랑할 때는 측정법을 묻는다. "인바디 측정 시점·공복·수분 상태를 통제했나? 동일 기기로, 같은 시간대에 쟀나? 체중 대비 체지방량

(kg)은 얼마나 줄었나?" 측정 오차와 조건 효과를 빼면 '기적의 숫자'가 현실화된다.

연애·인간관계에서도 숫자는 포장에 쓰인다. 누군가 "내 전 연인 100%가 질투가 심했어"라고 말하면, "표본이 몇 명인가? 상황·정의는 누가 정했나? 반대 증거는 없었나?"를 차분히 묻는다. '비율'로 일반화하는 순간 맥락이 지워진다.

판매원이 "오늘만 50% 할인"을 강조하면 기준선을 확인한다. "정가가 실제 판매가였나? 어제·저번 주 가격은? 온라인 최저가, 경쟁사 가격은?" 앵커링 가격(높은 정가)을 세워 상대 할인폭만 키운 전형적 수법을 걷어낸다.

가족·지인 대화에서 "요즘 청년 실업률이 두 배" 같은 말을 들으면 단어를 수치로 바꾼다. "두 배의 기준치는 몇 %에서 몇 %로인가? 계절 조정치인가? 연령·지역 구분은? 모집단은?" 말의 범위를 숫자로 좁히면 과장이 줄어든다.

마지막으로, 누구의 말이든 이렇게 정리해 돌이켜본다. (1) 출처는? (2) 표본은? (3) 기간은? (4) 정의는? (5) 비교군은? (6) 절대값은? 여섯 칸 중 두세 칸 이상이 비면 판단을 보류한다. 일상 대화에서도 이 체크리스트만 지키면, 대부분의 '그럴듯한 숫자'에서 허점을 찾아낸다.

거짓 수치 정보 방어 전략의 함정과 한계

숫자에 속지 않겠다고 다짐해도, 수치가 주는 권위의 힘은 여전히 강력하다. 방어 전략을 안다고 해도 "통계적으로 입증됐다", "95%가 동의했다" 같은 말 앞에서는 쉽게 흔들린다. 반복해서 말하지만 중요한 것은 숫자 자체보다 그것이 어떤 맥락과 해석 속에서 쓰이고 있는가다. "만족도 95%"라는 수치도 표본이 20명인지 2,000명인지에 따라 의미가 달라진다. 또 "20% 증가"라는 말은 전년 대비인지, 전주 대비인지에 따라 전혀 다른 그림을 만든다. 숫자는 거짓말을 하지 않지만, 언제나 거짓말을 위해 이용될 수 있다.

더 위험한 함정은, 방어 전략을 익힌 사람조차 "숫자는 조작될 수 있다"라는 사실만 강조하다가, 오히려 상대에게 "근거 없는 불신을 퍼뜨리는 사람"이라는 프레임을 뒤집어쓰는 것이다. 숫자를 의심하는 태도는 필요하지만, 동시에 냉정한 근거와 설명이 뒤따르지 않으면 설득력을 잃는다.

따라서 거짓 수치 방어 전략을 사용할 때는 조심해야 한다. 숫자를 맹신하지 않는 것은 첫걸음이지만, 숫자를 무조건 배척하는 것도 위험하다. 출처·표본·맥락·시간대를 확인하고, 상대가 어떤 해석의 틀을 씌우는지 주의 깊게 보라. 방어는 숫자를 부정하는 데 있지 않고, 숫자를 진실이 아닌 도구로 보는 눈을 기르는 데 있다.

거짓 수치 정보 방어에 성공하는 사람의 말버릇

◆ **출처를 즉시 묻는다**
　→ "그 수치, 어디서 나온 거야?"
　→ "표본 수가 몇 명이야?"
　→ "기간은 언제 기준이야?"

◆ **맥락을 붙여서 해석한다**
　→ "퍼센트 말고 실제 숫자로는 얼마야?"
　→ "다른 집단과 비교하면 어떤데?"
　→ "전년 대비로도 같은 추세야?"

◆ **균형 검증을 습관화한다**
　→ "반대 사례도 있어?"
　→ "불만족한 사람 비율은?"
　→ "비교군 데이터는 없나?"

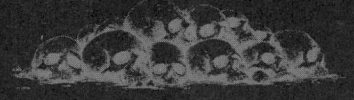

거짓 수치 정보 방어 체크리스트

■ 출처 확인: 최초 출처·저자·발표일·이해상충까지 점검하기

■ 맥락 확인: 절대수·기간·정의·비교군을 반드시 붙여 보기

■ 균형 검증: 반대 증거·누락 집단·시간축·비교 기준 확인하기

■ 모호 표현 환산: "대부분/압도적" → %와 표본 수로 바꿔 보기

■ 보류 규칙: 출처·표본·비교군 중 2개 이상 빠지면 판단 보류

강요된 선택지를 거부하라

제시된 선택의 틀을 깨라

"우리 이렇게 계속 싸울 거야, 아니면 내 말대로 할 거야?" 연인의 이 말을 듣는 순간, 당신의 머릿속에는 두 가지 선택지만 떠오른다. 계속 싸우거나, 상대방 말을 들어주거나. 그런데 잠깐, 정말로 선택지가 그 두 개뿐일까. 왜 둘 중 하나만 골라야 하는 걸까. 서로의 의견을 조율하거나, 시간을 두고 다시 논의하거나, 제3자의 의견을 구하는 등의 다른 방법은 왜 고려되지 않는 걸까. 바로 이 순간, 당신은 선택의 함정에 빠진 것이다.

조종자들의 가장 교묘한 무기는 총이나 칼이 아니라 선택지다. 직접적으로 강요하지 않으면서도 원하는 결과를 얻을 수 있기 때문이다. "예스냐 노냐"처럼 이분법적 질문을 던지거나, "이 안과 저 안 중 하나를 골라라"는 식으로 판을 짠다. 스탠포드 대학교 심리학과 연구에 따르면, 제한된 선택 구조는 사람들의 만족감과 수용도를 높였지만, 실제로는 '자율성 착각'에 불과했다. 사람들은 흔히 "선택지가 많을수록 자유롭고 좋다"라고 생각하지만, 심리학 연구는 꼭 그렇지 않다는 걸 보여준다. 마크 레퍼와 시나 아이엔가가 진행한 잼 실험이 대표적인 사례다.

실험에서는 한 그룹에게는 무려 24가지 잼을, 다른 그룹에게는 단 6가지 잼만 시식할 기회를 줬다. 겉보기에는 24가지 중에서 고를 수 있는 쪽이 훨씬 더 매력적으로 보이지만, 결과는 정반대였다. 오히려 6가지 잼만 본 사람들의 구매 확률이 10배 이상 높았던 것이다. 이 실험은 선택지가 지나치게 많으면 오히려 사람들을 혼란스럽게 하고, 결정을 내리는 과정에서 피로와 불만족을 키운다는 사실을 보여준다. 즉, 우리는 "많은 선택지가 자유와 만족"이라고 믿지만, **실제로는 제한된 선택이 더 큰 만족감을 준다.** 연구자들은 이를 '선택의 역설 paradox of choice'또는 '자율성의 착각 illusion of autonomy'이라고 부른다. 다크 심리학에서는 이 선택의 역설을 노려, 단순한 선택 구조로 사람들을 움직이려고 한다.

선택지가 곧 가능성이다.

부동산 중개업자가 "이 집을 사실 건가요, 다른 집을 더 보실 건가요?"라고 물을 때를 생각해보자. 겉으로는 선택권을 주는 것 같지만, 실제로는 '집을 사야 한다'는 전제를 깔고 있다. 투자 상담사가 "A상품과 B상품 중 어느 것이 좋을까요?"라고 물을 때도 마찬가지다. 이미 투자를 해야 한다는 것을 기정사실로 만들어버린다.

그런데 진짜 위험한 점은 질문에 숨어 있는 전제를 우리가 자동으로 수용한다는 것이다. 제한된 선택지를 그대로 받아들이는 순간, 당신은 이미 상대의 프레임 안에서 움직이고 있는 것이다. 사람들은 선택했다고 생각하지만, 실제로는 선택의 범위가 미리 정해져 있었던 것이다. 나는 지금 당신에게 묻고 싶다. 당신이 어쩔 수 없이 선택했다고 생각하는 것들 중에서, 얼마나 많은 것이 실제로는 강요된 선택지 안에서의 움직임이었을까? 선택 통제권을 되찾는 것은 단순히 거부하는 것이 아니다. 새로운 가능성을 창조하는 것이다. 조종자가 만든 좁은 틀을 깨고 더 넓은 선택의 공간으로 나아가는 것이다.

원칙1 생각할 시간을 벌어라

모든 제한된 선택지 뒤에는 숨겨진 전제 조건이 있다. 프레이밍 방어 전략에서 앞서 등장했던 본질적인 질문 던지기, 제3의 선택지를 만들어내기를 사용하면, 강요된 선택지를 거부할 수 있다. 두 가지 요령은 겹치는 만큼, 이 두 가지 요령을 익혔다고 가정하고, 다른 행동 원칙을 살펴본다. 다크 심리학 조종자들은 제한된 선택지를 제시하면서, 시간을 많이 주지 않으려고 하는 경향이 있다. "지금 당장 결정해야 한다"는 압박 속에서는 냉정한 판단이 어렵다. 또, 이미 말해두고서 정정하기도 어려운 일이다. 따라서 시간 여유를 확보하는 것 자체가 강력한 방어 전략이다.

"좀 더 생각해볼 시간을 주세요"라는 말은 그 자체로 제3의

선택지다. 대부분의 긴급한 결정들은 실제로는 그렇게 급하지 않다. 시간을 확보하면 더 많은 대안을 생각할 수 있고, 감정적 압박에서 벗어날 수 있다. 연인이 "오늘 바로 결혼 얘기를 부모님께 꺼낼 거야, 아니면 헤어질 거야?"라고 압박한다면, "이렇게 중요한 문제를 당장 결정하고 싶지 않아. 시간을 두고 차근차근 이야기하자"라고 대응할 수 있다. 다만, 후속 대책 없이 장시간 상대를 방치해서도 안 된다.

직장에서 상사가 "이 안건을 오늘 승인할 건가, 아니면 프로젝트에서 빠질 건가?"라고 압박한다면, "이건 장기적으로 영향을 미치는 사안이라, 하루 정도 시간을 두고 검토한 뒤 말씀드리겠습니다"라고 답하라. 시간을 확보한다는 건 단순히 결정을 미루는 게 아니다. 그 자체로 상대의 강요된 틀을 깨뜨리고, 당신이 주도권을 되찾는 방법이다.

원칙2 눈앞에서 되물어라

선택지를 거부하는 가장 쉬운 방법 중 하나는 질문 자체를 다시 정의하는 것이다. 상대가 A냐 B냐를 강요할 때, 그 질문이 틀렸음을 드러내면 강제된 프레임에서 벗어날 수 있다. 직장에서는 상사가 "이번 안건을 승인할 거냐, 포기할 거냐"라고 물을 때, "이 안건이 정말 지금 결정돼야 하는 사안인가요?"라고 되묻는 방식이다. 질문을 되돌리면 대화의 초점이 '승인 여부'에서 '시급성 검토'로 바뀐다. 연애 관계에서도 마찬가지다. 연인이 "나랑 있을 거야, 친구 만나러 갈 거야?"라고 할 때, "왜 둘 중 하나를 선택해야 하지? 둘 다 중요한 관계인데"라고 말하면, 애초에 대립 구도를 무너뜨릴 수 있다. 가족이 "공부할 거냐, 놀 거냐"라고 몰아붙일 때도 "효율적으로 공부와 휴식을 병행하는 방법을 찾아보자"라고 제안하면, 선택의 방향 자체가 달라진다. 친구가 "내 편 들 거야, 저 사람 편 들 거야?"라고 압박할 때는 "편을 가르는 게 아니라, 문제를 어떻게 해결할지가 더 중요하지 않을까?"라고 화두를 바꿔라.

핵심은 상대가 던진 A냐 B냐의 질문을 그대로 받지 않고, 질문의 틀을 바꾸는 것이다. 이렇게 하면 단순히 시간을 미루는 수준을 넘어, 상대가 세운 프레임 자체를 흔들 수 있다.

쉽게 할 수 있는 선택지 거부 전략

일상에서 강요된 선택지를 마주할 때는 거창한 기술이 아니라, 질문을 되돌리거나 시간을 확보하는 간단한 대응으로도 충분히 벗어날 수 있다. 예를 들어, 지인이 "이 보험 들 거야, 안 들 거야?"라고 권유한다면 바로 대답하지 말고 "보험이 꼭 필요한 상황인지부터 다시 확인해보고 싶어"라고 말하라.

가족이 "휴가에 우리랑 같이 갈 거야, 아니면 집에 혼자 남을 거야?"라고 강요할 때는 "휴가를 같이 가는 것도 좋지만, 내가 원하는 일정이나 방식도 같이 논의하면 어때?"라고 제안해라. 선택을 '함께 정하는 과정'으로 바꾸는 것이다. 연인이 "나 아니면 일이야, 뭐가 더 중요해?"라고 몰아붙일 때도 "둘 다 중요하니까, 어떻게 균형을 맞출 수 있을지 같이 고민하자"라고 말하면 이분법을 깨뜨릴 수 있다.

핵심은 상대가 던진 선택지를 그대로 받지 않고, 질문을 다시 던지거나 시간을 벌면서 새로운 제3의 길을 보여주는 것이다. 이런 작은 습관이 쌓이면, 당신은 더 이상 강요된 선택의 틀 안에 머물지 않게 된다.

선택지 거부 전략의 함정과 한계

선택 통제권을 되찾으려 할 때 지나치게 여러 대안을 찾거나 시간을 소모할 수도 있다는 점에 유의해야 한다. 모든 상황에서 제3의 옵션을 찾으려 하면 결정 장애에 빠질 수 있다. 때로는 주어진 선택지 중에서 선택하는 것이 더 효율적일 수도 있다.

또한 대안 제시가 상대방에게 비협조적으로 보일 수 있다는 점도 주의해야 한다. "왜 자꾸 다른 얘기를 하느냐"는 반응을 받을 수 있다. 따라서 대안 제시 시에는 "더 좋은 결과를 위해서"라는 건설적 의도를 명확히 해야 한다.

무엇보다 모든 제한된 선택지가 조작의 의도에서 나온 것은 아니라는 점을 기억해야 한다. 때로는 현실적 제약이나 효율성 때문에 선택지가 제한될 수도 있다. 상황을 정확히 파악하고 적절한 수준에서 대응하는 지혜가 필요하다.

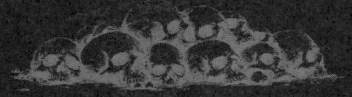

강요된 선택지 거부에 성공하는 사람의 말버릇

◆ **시간을 확보한다**
 → "좀 더 생각해볼 시간을 주세요"
 → "이렇게 중요한 문제를 당장 결정하고 싶지 않아요"
 → "하루 정도 검토한 뒤 말씀드리겠습니다"

◆ **질문을 되돌린다**
 → "정말 지금 결정해야 하는 사안인가요?"
 → "왜 둘 중 하나만 선택해야 하죠?"
 → "편을 가르는 게 아니라, 문제를 어떻게 해결할지가 더 중요하지 않을까요?"

◆ **제3의 대안을 제시한다**
 → "같이 논의해서 균형점을 찾아보자"
 → "내 일정이나 방식도 함께 고려하면 어때?"
 → "둘 다 중요하니까, 어떻게 조율할 수 있을지 고민하자"

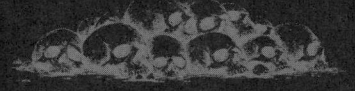

강요된 선택지 방어 체크리스트

- ■ 시간 벌기: 즉답하지 않고 판단 여유 확보하기

- ■ 질문 되돌리기: A냐 B냐 틀 자체를 흔드는 반문하기

- ■ 프레임 전환: 대립 구조 → 협력·균형 찾기로 바꾸기

- ■ 대안 창출: 제3의 가능성을 제시해 선택지 확장하기

- ■ 현실 구분: 모든 제한된 선택이 조작은 아님, 상황 맥락 파악하기

- ■ 의도 강조: 대안 제시는 '더 좋은 결과를 위한 것'임을 분명히 하기

- ■ 과도한 대안 추구 경계: 결정 장애에 빠지지 않도록 균형 유지하기

"내가 나 스스로의
관찰자가 되어라"

3부

감정 조작 방어하기

스스로의 감정을 깨달아라

스스로의 감정을 자각하기

순간 가슴이 답답해졌다. 상사의 말을 듣는 순간 묘한 분노가 치밀어 올랐고, 동시에 어딘가 모를 죄책감도 함께 밀려왔다. 하지만 당신은 그 감정들을 제대로 들여다보지 않았다. 그저 "기분이 나쁘다"는 막연한 느낌만 가진 채로 즉석에서 반응했다. 바로 이 순간이 조종이 성공하는 지점이다. 감정의 정체를 모르는 사람은 그 감정에 휘둘릴 수밖에 없다.

조종자들의 가장 강력한 무기는 당신의 감정이다. 논리나 사실로 설득하는 것보다 감정을 움직이는 것이 훨씬 빠르고 확실하기 때문이다. 공포, 분노, 죄책감, 연민, 질투, 불안…이 감정들이 작동하는 순간 이성은 뒤로 밀려난다. 우리의 뇌는 감정적 위험 신호에 즉각 반응하도록 설계되어 있다.

연인에게 "너 요즘 변한 것 같아"라는 말을 들으면, 여러 감정이 동시에 일어난다. 불안('뭔가 잘못되었나?'), 방어('나는 변하지 않았는데?'), 죄책감('혹시 내가 잘못했나?'), 분노('왜 나를 그렇게 보는 거야?') 등이 뒤섞인다. 하지만 이 복잡한 감정들을 인식하지 못한 채로는 적절하게 대응할 수 없다. 다크 심리학 사용자는 바로 이런 순간을 노린다. 스스로의 감정을 자각하지 못할 때, 그 감정을 자각해 판단을 흐리고 원하는 방향으로 끌고 간다.

원칙1 감정을 혼잣말로 표현해보라

실은 사람들 대부분은 자신의 감정 상태를 정확히 인식하지 못한다. "기분이 좋다", "기분이 나쁘다"는 식의 단순한 구분만 할 뿐, 그 안에서 작동하는 복잡하고 미묘한 감정들의 흐름을 놓친다.

방어의 첫 단계는 감정을 억누르는 것이 아니라, 감정이 작동하는 순간을 의식하는 것이다. 감정 자각이야말로 조종에 대한 가장 강력한 방어막이다. 우리가 화가 나거나 불안할 때, "나 지금 화났어", "지금 너무 불안해"처럼 스스로 감정을 말로 표현하는 행동이 단순한 습관이 아니라 뇌과학적으로도 효과가 있다는 사실이 밝혀졌다. 이런 과정을 감정 명명 affect labeling 혹은 정서 명명 emotional labeling 이라고 부른다.

감정을 언어로 불러내라.

인지신경과학자 매튜 리버만은 이 현상을 실험으로 검증했다. 연구팀은 참가자들에게 분노나 공포 같은 강한 감정을 불러일으키는 사진을 보여주고, 그 반응을 두 가지 방식으로 관찰했다. 한 그룹에게는 사진 속 인물의 감정을 직접 단어로 표현하게 했다. "화남"과 "무서움" 같은 단어들이 포함되었다. 다른 그룹에게는 단순히 사진 속 인물의 성별을 말하도록 했다.

결과는 흥미로웠다. 감정을 언어로 표현한 그룹은 뇌에서 감정적 반응을 일으키는 핵심 기관인 편도체의 활동이 뚜렷하게 줄어든 반면, 감정을 조절하는 역할을 하는 전두엽 영역은 오히려 활발히 작동했다. 즉, 감정을 말로 표현하는 행위 자체가 뇌의 흥분을 가라앉히고, 충동적인 반응 대신 이성적인 판단을 가능하게 만들었다.

단순히 "지금 짜증 나"라고 말하는 것만으로도 화를 조절하고, 충동적인 행동을 줄이는 데 큰 도움이 될 수 있다는 뜻이다. 이는 일상에서 쉽게 활용할 수 있는 자기조절 기법이며, 심리적 방어 전략이자 뇌과학적으로도 입증된 방법이다. 감정을 인식하는 순간 그 감정은 더 이상 나를 통제하지 못한다. 내가 그 감정에서 한 발짝 떨어져, 그 감정을 관찰할 수 있다는 뜻이기 때문이다. 이처럼 감정을 언어로 붙잡으면, 감정을 조작하려는 자가 던지는 말 한마디에 즉각 반응하지 않고 거리를 두게 된다. 상대의 의도된 도발이 영향력을 미칠 수 없게 된다.

막연히 '짜증난다'고 생각하는 대신 **더 구체적으로 분석해보라.** '나는 지금 불공정함에 대한 분노와 무력감을 동시에 느끼고 있다', '나는 지금 거부당할지도 모른다는 불안과 인정받고 싶다는 욕구를 느끼고 있다', '나는 지금 배신감과 실망감, 그리고 약간의 두려움을 경험하고 있다'처럼 감정을 세밀하게 해부해보라.

감정을 명명하는 순간,
당신은 감정의 주인이 된다.

직장에서 상사가 불합리한 요구를 할 때, 막연히 기분 나쁘다고 생각하는 것과 '나는 지금 부당함에 대한 분노, 거절할 수 없다는 무력감, 그리고 평가에 대한 불안을 동시에 느끼고 있다'고 구체적으로 인식하는 것은 완전히 다르다. 지금 느끼는 감정을 뒤의 경우처럼 정리할 수 있다면, 훨씬 더 차분하고 전략적으로 대응할 수 있다.

친구가 끝없이 자신의 고민만 토로할 때도 피곤하다는 막연한 감정을 느끼도록 스스로를 놔둬서는 안 된다. '나는 지금 피로감과 약간의 짜증, 그리고 도움이 되지 못한다는 죄책감을 느끼고 있다'고 정확히 인식하면, 이 상황을 더 잘 다룰 수 있다.

원칙2 아주 잠시만 멈추어보라

감정은 빠르고, 이성은 느리다. 이것은 진화의 결과다. 생존을 위해서는 위험 상황에서 즉각적인 반응이 필요했기 때문이다. 하지만 현대 사회의 대부분 상황은 즉각적인 반응을 요구하지 않는다. "당장 답해줘!" 상대방의 다급한 목소리가 당신을 압박할 때, 즉시 반응하는 대신 "잠깐만요"라고 말하라. 이 한 마디가 당신에게 최소 5-10초의 시간을 준다. 그 시간 동안 깊게 숨을 쉬고, 지금 무슨 감정이 일어나고 있는지 확인하라.

인간은 뇌의 억제 시스템이 작동하고 있어서. 잠시의 시간을 가지면 이성이 감정을 조정하려고 나선다. 우리가 어떤 충동을 억누를 때, 예를 들어 당장 화를 내고 싶거나 눈앞의 간식을 집어 먹고 싶을 때, 그 과정은 단순히 "참는 것" 이상이다. 한 뇌과학 연구팀은 충동 억제가 뇌 안에서 복잡한 신호의 흐름을 거쳐 일어나는 과정이라는 사실을 밝혀냈다. 특히 전두엽 피질이라는 영역이 핵심 역할을 하는데, 이곳은 인간의 고차원적인 사고와 의사결정을 담당하는 뇌의 '컨트롤 타워'와 같은 곳이다.

잠깐의 멈춤이 사고를 깨운다.

연구팀은 원숭이를 대상으로 실험을 진행하면서, 행동을

바로 하지 않고 잠시 멈추어 기다릴 때 전두엽 피질에서 특별한 뇌파가 나타나는 것을 발견했다. 이 뇌파는 마치 신호등의 빨간불처럼 작용해, 뇌가 "지금은 멈춰야 한다"는 억제 신호를 보낸다. 이 신호가 강할수록 충동을 효과적으로 제어할 수 있었고, 결과적으로 즉흥적인 행동 대신 더 이성적인 선택을 할 수 있었다.

흥미로운 점은 이 억제 신호가 생기고 전달되는 데 걸리는 시간이 아주 짧다는 것이다. 연구에 따르면 불과 0.1초, 즉 10분의 1초 정도만 지연이 생겨도 충동을 억제하는 데 충분했다. 아주 짧은 지연이지만, 이 시간이 있기에 우리는 단순한 본능에 끌려가지 않고 생각을 정리한 뒤 더 합리적인 결정을 내릴 수 있다. 결국 충동을 제어하는 힘은 의지만이 아니라, 뇌가 보내는 작은 '멈춤 신호'에서 비롯되는 것이다.

다크 심리학에서는 상대를 조종할 때 늘 압박을 통해 시간을 빼앗으려고 한다. 그러니 **잠깐의 지연이라도 스스로 주도권을 되찾아오기에는 충분하다.** 연인이 갑자기 "우리 헤어져"라고 말했을 때, 즉시 "왜?"라고 반응하는 대신 "잠깐, 무슨 일인지 차근차근 얘기해보자"라고 말하는 것만으로도 상황은 달라진다. 그 짧은 지연이 감정의 폭발을 막고, 상대의 의도가 더 깊숙이 개입할 여지를 차단한다.

직장에서 상사가 "이 일 오늘 안에 끝내"라며 압박을 줄 때도 "네, 알겠습니다"라고 즉시 답하는 대신 "확인해보고 말씀드리겠습니다"라고 말하면서 시간을 벌어라. 그 시간 동안 정말로 오늘 안에 가능한 일인지, 다른 업무와의 우선순위는 어떻게 될지 생각할 수 있다. 협상 상황에서도 강력하다. 상대방이 "지금 결정하세요"라고 압박할 때, "중요한 결정이니까 좀 더 신중하게 생각해보겠습니다"라고 말하는 것은 당연한 권리다. 그 지연이 압박감을 줄이고, 더 나은 조건을 찾을 기회를 준다.

원칙3 신체 신호를 놓치지 마라

감정은 언제나 몸의 변화를 통해 먼저 드러난다. 심장의 박동 속도, 호흡의 깊이와 리듬, 근육의 긴장, 위장과 소화기관의 변화 등은 감정이 의식되기 이전에 나타나는 전조 신호다. 즉, 우리는 마음보다 몸이 먼저 반응하는 존재다. 이 신호를 자각하면 감정이 극단으로 치닫기 전에 미리 대응할 수 있다.

신체 신호를 읽는 능력은 감정 조절의 핵심이다. 대부분의 사람은 감정을 통제하려고 할 때 직접 감정을 다루려 하지만, 실제로는 신체 감각을 인식하는 것이 훨씬 더 효과적이다. 몸은 거짓말을 하지 않고, 감정의 변화는 반드시 생리적 반응을 수반하기 때문이다. 이러한 변화를 일찍 알아차리면, 불필요한 말이나 행동으로 감정을 터뜨리기 전에 선택권을 되찾을 수 있다.

예를 들어, 분노는 단순한 기분의 문제가 아니라 교감신경계의 각성으로 나타난다. 호흡이 짧아지고, 근육이 긴장하며, 에너지가 분출되려는 준비 상태에 들어간다. 불안은 심장이 두근거리고 땀이 나며, 소화 기능이 불편해지는 신체적 변화를 동반한다. 죄책감은 어깨를 움츠리게 하고, 목소리를 낮추며, 시선을 피하게 만든다. 이처럼 감정마다 반복적으로 나타나는 신체적 패턴을 익혀 두면, 내 감정의 '경보 시스템'을 확보하게 된다.

마음을 읽는 것보다 몸을 살피는 것이 더 빠르다.

중요한 것은 신체 신호를 단순히 알아차리는 데서 그치지 않고, 이를 '개입의 기회'로 활용하는 것이다. 몸의 변화를 인식하는 순간, 우리는 감정과 동일시되지 않고 한 발 떨어져 관찰자가 될 수 있다. "내가 지금 화가 난 것이 아니라, 화가 나는 신체 반응이 나타나고 있구나"라는 자각이 가능해지는 것이다. 이 인식은 감정을 억누르거나 회피하는 것이 아니라, 감정이 지배하기 전에 균형을 되찾는 방법이다.

또한 신체 신호는 인간관계에서 갈등을 예방하는 중요한 도구가 된다. 목소리의 높낮이, 호흡의 빠르기, 손동작의 크기 같은 작은 변화는 상대에게 강력한 메시지를 전달한다. 자신이 이런 변화를 자각하고 조절할 수 있다면, 감정적 대립을 키우는 대신 차분하고 안정적인 분위기를 유지할 수 있다. 결국 신체 신호를 읽는 습관은 개인의 자기 통제력뿐 아니라 관계의 질까지 지켜주는 방패 역할을 한다. 더 나아가, 신체를 다스려 자신의 심리 변화를 모색해볼 수도 있다.

정리하면, 신체 신호는 감정의 그림자이자 예고편이다. 몸의 반응을 민감하게 포착해야만 우리의 감정을 조작하고 왜곡시키려는 다크 심리학의 그림자에서 벗어날 수 있게 된다.

쉽게 할 수 있는 감정 자각 방어술

연인과의 갈등에서 화가 치밀 때, 즉각적으로 반응하기보다 잠시 침묵하고 감정을 명명하라. '나는 지금 화가 났다. 그런데 이 화의 정체가 뭘까? 배신감? 실망감? 아니면 내가 이해받지 못한다는 느낌일까?' 이렇게 감정을 구체적으로 분해하는 순간, 그 감정은 더 이상 당신을 압도하지 못한다.

"잠깐, 내가 왜 이렇게 화가 났는지 정확히 알고 싶어서 시간이 좀 필요해"라고 말하는 것도 좋다. 이것은 회피가 아니라 더 좋은 소통을 위한 준비다. 대부분의 연인들이 이런 접근을 이해하고 존중한다. 만약 그렇지 않은 태도를 보인다면, 다크 심리학을 나에게 적용해오고 있었던 것은 아닌지 의심해 보아야만 한다.

회의에서 불합리한 지시가 내려왔을 때, 바로 거부하지 않고 짧게 "생각해보겠습니다"라고 말하는 것만으로도 충동적 대응을 막을 수 있다. 그 시간 동안 '나는 지금 불공정함에 대한 분노와 어쩔 수 없다는 무력감을 동시에 느끼고 있다'고 인식하라. 그러면 '어떻게 하면 이 상황을 건설적으로 다룰 수 있을까' 하는 질문이 자연스럽게 떠오른다.

협상 상황에서도 상대가 불안을 유발할 때, 잠깐의 지연이 곧 방어가 된다. "조금 급하네요. 이런 중요한 결정은 신중하게 하는 편이라서요"라고 말하면서 시간을 확보하라. 그 동안 '나는 지금 놓칠 수도 있다는 불안감을 느끼고 있다. 하지만 이 불안감이 합리적인가?' 하고 자문하라.

가족과의 대화도 마찬가지다. 부모가 "넌 왜 항상 그러니?"라고 말할 때, 즉시 반응하는 대신 '아, 나는 지금 공격받는다는 느낌과 죄책감을 함께 느끼고 있구나'라고 인식하라. 그러면 '어머니가 정말로 말씀하시고 싶은 것이 무엇인지 듣고 싶어요'라고 대화의 방향을 바꿀 수 있다.

친구가 계속 자신의 문제만 토로할 때도 '나는 지금 피로감과 약간의 짜증을 느끼고 있다. 하지만 동시에 도움이 되고 싶다는 마음도 있다'고 인식하면, "네 이야기를 들어주고 싶은데, 나도 좀 힘든 상황이라서. 서로 도울 수 있는 방법이 있을까?"라고 균형 잡힌 대응이 가능하다.

온라인에서 도발적인 글을 봤을 때도 '나는 지금 분노를 느끼고 있다. 하지만 이 분노가 정당한가? 이 상황에서 반응하는 것이 나에게 도움이 될까?'라고 자문하는 습관을 기르라. 대부분의 경우 답은 "아니다"일 것이다.

감정 자각 방어술의 함정과 한계

감정을 자각하는 것은 분명 강력한 방어 수단이다. "아, 지금 내가 화가 났구나", "이건 불안 때문이구나" 하고 알아차리는 순간, 감정의 파도에 휩쓸리지 않고 한 발짝 물러설 수 있다. 그러나 문제는 여기서 끝이 아니라는 데 있다. 감정 자각은 필요조건이지 충분조건이 아니다. 오히려 잘못 쓰면 새로운 함정이 된다.

왜냐하면, 자각이 곧 통제는 아니기 때문이다. 사람들은 흔히 "내가 화난 걸 알았으니 이젠 괜찮아"라고 착각한다. 그러나 감정은 단순한 정보가 아니라, 신체 반응과 사고 패턴까지 묶여 있는 거대한 흐름이다. 뇌과학 연구에 따르면 분노나 두려움 같은 감정이 활성화되면 편도체가 즉각 반응하고, 전두엽의 합리적 판단 기능은 제약을 받는다. 즉, 화가 난 걸 아는 순간에도 이미 몸은 전투 태세에 들어가 있다. '하얀 곰을 생각하지 마라' 실험처럼, 감정을 억누르려는 시도는 역으로 그 감정을 더 강하게 떠올리게 만든다. 분노를 자각했다고 해서 바로 제어 가능한 것이 아니라는 점에서, 감정 자각은 "시작"일 뿐이지 "해결책"이 아니다.

연인 관계에서 "내가 지금 화난 걸 알아"라고 말했는데, 상대는 오히려 "봐, 네가 또 감정적으로 구는 거잖아"라며 공격한다. 자각한 감정이 방패가 아니라 약점이 되어 돌아온다. 직장 회의에서도 비슷하다. 상사의 부당한 지시에 분노를 느끼고 "제가 지금 화가 나서 차분히 답변하기 어렵습니다"라고 말하면, 오히려 "역시 감정적이네, 그래서 신뢰하기 어렵다"라는 평가를 받을 수 있다. 감정을 의식적으로 드러내는 순간, 조종자는 그것을 공격 포인트로 삼는다. 따라서 감정 자각은 방어의 출발점이지 종착지가 아니다. 다른 장의 행동 원칙들과 함께 사용하며 서로 보완하도록 만드는 것이 중요하다.

감정 자각 방어에 성공하는 사람의 말버릇

◆ **구체적이고 정확한 단어로 감정을 분해한다**
  → "나는 지금 분노와 무력감을 동시에 느끼고 있다"

◆ **바로 반응하지 않고 3-5초 여유를 둔다**
  → "잠깐만요"
  → "생각해보고 답변드리겠습니다"

◆ **신체 신호를 점검한다**
  → "심장이 빨리 뛰는 걸 보니 내가 긴장하고 있구나"

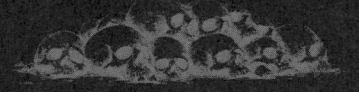

감정 자각 방어 체크리스트

■ 강한 감정이 올라올 때 즉시 언어로 명명하기

■ 중요한 대답을 요구받을 때 짧게라도 지연 요청하기

■ 감정적 압박 상황에서 신체 반응을 의식적으로 관찰하기

■ 지연을 요청할 때는 관계 손상 방지를 위해 그 이유를 설명하기

주저 없이 거절하라

거절은 죄가 아니다

신입사원 민수는 팀장에게 자주 도움을 받는다. 처음엔 "점심 같이 먹자"라며 밥을 사주고, "프린터가 고장 났을 때는 내가 고쳐줄게"라며 사소한 친절도 베푼다. 민수는 이런 호의에 고마움을 느낀다. 그런데 며칠 뒤 팀장이 불쑥 말을 꺼낸다.

"민수 씨, 사실 이번 주말에 회사 행사 준비가 있는데, 자원자가 없네. 내가 밥도 사주고 이것저것 챙겨줬으니, 민수 씨가 좀 도와주면 좋겠어."

이때 민수는 잠깐 멈춰 생각해야 한다. 점심을 사주고 도와

준 일들이 정말 순수한 호의였을까? 아니면 주말에 일을 부탁하려는 '깔아둔 술책'이었을까? 만약 민수가 '호의니까 당연히 갚아야 한다'고 자동적으로 반응한다면, 주말까지 시간을 뺏기며 이용당하는 셈이 된다. 하지만 마음을 재정의해 보면 상황은 달라진다. 밥을 사준 건 호의가 아니라 업무를 떠넘기기 위한 투자였을 뿐이다. 이미 호의를 받았으니 거절하기 어렵다는 마음이 작동한다.

사소한 호의, 사소한 친절이 조종자들의 가장 교묘한 무기 가운데 하나다. 그들은 우리가 어려서부터 배운 "받은 만큼 돌려줘야 한다"는 선량한 원칙을 악용한다. 작은 친절을 베풀어 무의식 속에 빚을 만들고, 그 빚을 빌미로 더 큰 요구를 정당화한다. 데니스 리건이라는 연구자가 진행한 실험에서, 참가자들은 미술 작품을 평가하는 실험에 참여했다. 중간에 실험 조수가 일부 참가자들에게만 콜라를 사다 주었다. 실험이 끝나고 그 조수가 모든 참가자에게 복권 구매를 부탁했다. 결과는 충격적이었다. 음료를 받은 참가자는 받지 않은 참가자보다 복권을 두 배 이상 구매했다. 단 25센트짜리 콜라 한 캔이 평균 2달러어치의 복권 구매로 이어진 것이다.

우리의 뇌는 받은 호의를 빚으로 기록하고, 그 빚을 갚을 때까지 불편함을 느낀다. 조종자들은 바로 이 자동화된 심리 메커니즘을 노린다. 연인 관계에서도 마찬가지다. 상대방이 처음에는 작은 배려들을 쌓아간다. 깜짝 선물, 갑작스러운 도움, 예상치 못한 친절 등. 이런 것들이 쌓이면서 당신은 점점 뭔가 보답해야 한다는 압박을 느끼게 된다. 그리고 어느 순간 상대방이 큰 요구를 했을 때, 그동안 받은 호의들이 거절을 어렵게 만든다. 그러나 정작 따져보면 누적되었던 작은 배려와 친절들을 모두 합친다 해도 상대방의 하나의 요구보다 덜 부담스러운 것들이었던 경우가 대부분이다.

방어의 첫걸음은 거절을 무례가 아닌 권리로 인식하는 것이다. 당신은 원하지 않는 호의를 받을 의무가 없고, 받았다고 해서 그것을 반드시 갚을 의무도 없다. 호의는 빚이 아니다. **호의를 빚으로 만드는 것, 그것이 바로 조작이고 조종이다.** "고마워, 하지만 괜찮아"라는 한마디가 불필요한 빚을 막는다. "죄송해요, 저는 됐어요"라고 말하는 것은 무례가 아니라 자신의 경계를 명확히 하는 건강한 행동이다. 받지 않으면 빚지지 않는다.

원칙1 친절의 진짜 의도를 파악하라

모든 호의가 순수한 것은 아니다. 특히 요구 전에 선행되는 작은 친절이나, 나중에 언급하며 압박하는 행동은 의도된 호의일 가능성이 높다. 진짜 호의와 조작적 호의를 구분하는 능력이 필요하다.

호의를 평가할 때 가장 중요한 기준은 대가성 여부다. **진짜 친절한 사람은 대가를 원하지 않는다.** 상대가 도움을 거절해도 억지로 밀어붙이지 않고, 나중에 그 호의를 근거로 압박하지도 않는다. 반대로 조작적 호의는 거절을 불편하게 만들거나, 언젠가 그 빚을 상기시키는 방식으로 작동한다. 즉, 도움을 주는 순간에는 기분 좋게 느껴지지만, 시간이 지나면서 그 친절이 '채무감(빚진 마음)'으로 변할 때, 그것은 이미 순수한 호의가 아니다.

또 하나의 기준은 지속성과 맥락이다. 진짜 호의는 일관되고 꾸준하게 나타난다. 특정 순간이나 특정 목적을 앞두고 갑자기 쏟아지는 친절은 의심할 필요가 있다. 예를 들어, 평소에는 무심하던 사람이 어떤 부탁을 앞두고 갑자기 호의를 베푼다면, 그것은 전략적 행동일 수 있다. 만약 그 호의가 사실은 판매 기술이나 영업 전략이었다는 게 드러난다면, 마음가짐을 전환해야 한다. 그것을 **더 이상 '호의'로 보지 않고, '영업 행위'로 인식하는 것이다.** 이렇게 재정의하면 '받았으니 갚아야 한다'는 부담에서 벗어나, 훨씬 더 냉정하고 합리적으로 판단할 수 있다.

진정한 호의는 꾸준하다.

새로운 동료가 첫날부터 지나치게 친절하다면 의심해볼 필요가 있다. "점심 사드릴게요", "이것 도와드릴게요", "제가 대신 할게요"라는 말이 연속으로 나온다면, 나중에 무엇인가를 요구할 가능성이 높다. 영업 현장에서 "무료 체험", "무료 상담", "무료 시음"을 제공하는 것도 마찬가지다. 이것들은 순수한 호의가 아니라 마케팅 전략이다. 받는 순간부터 구매 압박이 시작된다는 것을 인식해야 한다. 연인이 갑작스럽게 비싼 선물을 주거나 과도한 친절을 베푼다면, 그 뒤에 큰 요구가 숨어있을 가능성을 고려해야 한다. "생일도 아닌데 왜 갑자기?"라는 질문을 스스로에게 던져보라.

원칙2 상대의 친절과 요구를 저울질하라

이미 호의를 받았다고 해서 모든 요구를 들어줘야 하는 것은 아니다. 다크 심리학 사용자들은 작은 호의를 마치 큰 빚인 것처럼 포장한다. 하지만 생각해보라. 누군가가 당신에게 천 원짜리 커피를 사줬다고 해서, 당신이 십만 원짜리 부탁을 들어줘야 할 이유가 있는가? 동료가 한 번 업무를 도와줬다고 해서, 당신이 매번 그 사람의 일까지 떠안아야 할 이유가 있는가?

인간관계의 주고받음은 균형이 맞을 때 건강하게 유지된다. 커피 한 잔과 큰 경제적 부담은 결코 같은 저울 위에 놓일 수 없다. 심리적으로 느끼는 '감정적 빚'과 실제로 따져야 하는 '현실적 빚'을 분리해서 바라보는 것이 중요하다. 그래야 상대방이 의도적으로 불균형을 만들었을 때도 흔들리지 않는다.

**상대가 베푼 친절보다
요구의 무게가 무겁다면 의심하라.**

따라서 누군가 "지난번에 도와줬잖아"라며 호의를 압박 수단으로 사용할 때는, 호의의 크기와 현재 요구의 크기를 냉정하게 비교해야 한다. 불균형이 심하다면 그것은 진짜 감사의 빚이 아니라 조종을 위한 장치다. 이 점을 의식하는 순간, 당신은 정당하게 거절할 수 있는 권리를 되찾는다.

"지난번에 커피 한 잔 사주신 것 정말 고마웠어요. 하지만 이번 부탁은 좀 다른 차원의 일인 것 같네요"라고 명확히 구분하라. 호의의 크기와 요구의 크기가 비례하지 않는다면 거절할 권리가 있다.

가족 관계에서도 마찬가지다. 부모가 "우리가 널 키우느라 얼마나 고생했는데"라고 말할 때, 그것은 사실이다. 하지만 그것이 당신의 모든 선택권을 포기해야 한다는 의미는 아니다. 양육은 부모의 책임이었고, 당신의 감사는 이미 수없이 표현되었다.

원칙3 감사한 마음과 상대의 요구를 분리하라

많은 사람들은 "고맙다"고 말하면서 동시에 상대방의 요구도 들어줘야 한다고 생각한다. 하지만 감사 표현과 요구 수용은 완전히 별개의 문제다. **고마워하면서도 거절할 수 있고, 그것이 더 건강한 관계를 만든다.**

"그때 정말 고마웠어. 하지만 지금 이 문제는 따로 생각해보고 싶어"라고 말하는 것은 완벽하게 정당하다. 과거의 감사함과 현재의 거절을 동시에 표현할 수 있다. 직장에서 상사가 "내가 평소에 널 챙겨줬잖아"라고 말한다면, "챙겨주시는 것 항상 감사하게 생각해요. 그런데 이번 일정은 정말 힘들 것 같아서, 조정이 가능한지 여쭤보고 싶습니다"라고 대응하라. 감사함과 현재의 어려움을 모두 인정하면서도 요구는 거절할 수 있다.

감사한 마음을 표시하면서도 거절할 수 있다.

친구가 "내가 지난번에 도와줬잖아"라며 과도한 부탁을 한다면, "그때 도움 정말 고마웠어. 하지만 이번 일은 내가 감당하기 어려울 것 같아"라고 명확히 거절하라. 우정은 일방적 희생이 아니라 상호적 배려다. 이런 식으로 감사함을 먼저 표현하면 상대방도 거절을 더 쉽게 받아들인다. 당신이 무례하거나 배은망덕한 사람이 아니라, 단지 현실적인 한계가 있는 사람이라는 것을 이해하게 된다.

핵심은 단순하다. **"고마움은 마음의 문제, 수용 여부는 현실의 문제"** 라는 원리를 기억하라. 상대의 호의에 감사하는 것은 언제나 옳다. 하지만 그것을 이유로 모든 부탁을 들어줘야 한다는 법은 없다. 이 구분을 의식적으로 훈련할 때, 당신은 더 이상 '배은망덕하다'는 죄책감에 흔들리지 않고, 성숙하고 균형 잡힌 관계를 지킬 수 있다.

쉽게 할 수 있는 친절 거절 전략

상업적 상황에서 이 원칙은 특히 자주 쓰인다. 영업 현장에서 무료 시음이나 샘플을 받을 때, 우리는 괜히 미안해서라도 물건을 사야 한다는 압박을 느낀다. 하지만 이는 철저히 마케팅 전략일 뿐이다. "맛있네요, 고맙습니다. 하지만 지금은 구매 계획이 없어요"라고 말하면 된다. 감사와 거절은 동시에 존재할 수 있다. 투자 상담이나 무료 컨설팅도 마찬가지다. 상담이 도움 된 것은 사실이지만, 투자 여부는 전혀 별개의 판단이다. "상담은 유익했습니다. 하지만 투자는 좀 더 신중히 생각하겠습니다"라는 식으로 대응하는 것이 올바른 태도다.

개인적 관계에서도 비슷한 원리가 적용된다. 연인이 "내가 널 위해 이렇게 했는데"라고 말한다고 해서, 그 친절이 새로운 의무로 바뀌지는 않는다. "그때 정말 고마웠어. 하지만 지금 문제는 따로 생각해보고 싶어"라고 대답하면 된다. 진짜 사랑과 우정은 무조건적인 순응이 아니라 서로의 상황과 한계를 존중하는 데서 비롯된다. 친구가 "내 얘기 늘 들어줬잖아, 그러니 이번에도 해줘"라고 말할 때도, "네 얘기 들어주는 건 당연하지. 하지만 이번 부탁은 내 범위를 넘어서는 것 같아"라고 경계를 긋는 것이 건강하다. 가족의 경우도 마찬가지다. 부모가 "우리가 널 키우느라 얼마나 고생했는데"라고 말할 때, 그 희생은 분명 감사할 일이지만 그것이 곧 자녀의 모든 선택권을 제한하는 근거가 될 수는 없다.

부모의 희생조차 자녀의 모든 선택권을 제한할 수는 없다.

직장에서도 이 원칙은 반드시 필요하다. 상사가 평소의 작은 배려를 강조하며 과도한 업무를 요구할 수 있다. 그럴 때는 "평소에 배려해주셔서 정말 감사드립니다. 하지만 이번 업무는 제 역량을 넘어서는 것 같습니다"라고 분명히 선을 긋는 것이 바람직하다. 감사는 표현하되, 현실적 한계는 분명히 지적해야 한다.

결국 감사와 거절을 분리하는 능력이야말로 조종으로부터 자신을 지켜내는 가장 단순하면서도 강력한 방어법이다. 고마움은 고마움대로 표현하되, 요구는 차분히 저울질해서 판단하라. 그렇게 할 때 상대의 친절은 관계를 따뜻하게 만드는 요소로 남고, 숨어 있는 술책은 더 이상 힘을 발휘하지 못한다.

친절 거절 전략의 함정과 한계

호의 거절의 가장 큰 함정은 지나친 의심으로 이어질 수 있다는 점이다. 모든 호의를 조작으로 보고 거절하면 인간관계가 메마를 수 있다. 진짜 호의와 가짜 호의를 구분하는 지혜가 필요하다.

무엇보다 호의 거절이 관계 단절을 의미하지는 않는다는 점을 기억해야 한다. 건전한 경계를 설정하는 것은 더 건강한 관계를 만드는 기초다. 진정한 친구나 동료라면 당신의 거절을 존중할 것이다.

친절 거절 전략에 성공하는 사람의 말버릇

◆ **호의와 요구를 구분한다**
  → "도와주셔서 고맙습니다만, 이번 부탁은 제가 수용하기 어려워요"
  → "커피 잘 받았어요. 하지만 그 문제는 별도로 생각해야 할 것 같아요"

◆ **불균형한 요구를 지적한다**
  → "작은 도움과 지금 요청하신 일의 크기가 많이 다르네요"
  → "그 부분은 제 상황과 맞지 않습니다"

◆ **감정적 압박을 차분히 거절한다**
  → "제가 고마운 마음이 없는 게 아니라, 이번 일은 제 능력을 넘어섭니다"
  → "도움을 주셔서 감사하지만, 이 부분은 제가 해드릴 수 없습니다"

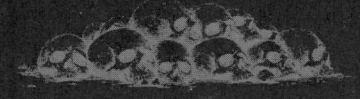

친절 거절 전략 체크리스트

■ 받은 호의와 별개로 요구는 독립적으로 판단하기

■ 작은 호의에 비해 과도한 보답이나 불균형적 요구는 분명히 선을 긋기

■ 거절할 때는 반드시 감사 표현을 먼저 하고, 정중하게 의사 전달하기

■ 호의를 받지 않기를 원한다면 처음부터 명확하게 거절하기

■ 상대가 죄책감이나 배은망덕 프레임을 씌워도 감정적으로 휘둘리지 않기

두려워할 것 없다

공포와 불안을 자극하는 이유

"지금 투자하지 않으면 평생 후회할 겁니다." 투자 상담사의 목소리는 단호했다. 그 순간 가슴이 두근거리기 시작한다. '혹시 정말로 놓치면 안 되는 기회인 건 아닐까?', '다른 사람들은 벌써 투자했는데 나만 뒤처지는 건 아닐까?' 이런 생각들이 머릿속을 가득 채운다. 바로 이 순간, 당신은 공포라는 감정의 포로가 된 것이다. 그리고 다크 심리학의 조종자들은 바로 이런 순간을 기다린다.

공포와 불안은 써먹기 너무도 좋다. 논리적 설득은 시간도

걸리는데 반박도 당한다. 공포는 즉각적이고 압도적이다. 인간의 뇌는 생존을 위해 위험 신호에 최우선적으로 반응하도록 진화했다. 조종자들은 바로 이 원시적 생존 본능을 악용한다.

"이 기회를 놓치면 파멸이다", "당신이 없으면 나는 무너진다", "지금 결정하지 않으면 큰일난다" 같은 말은 논리가 아니라 감정을 겨눈다. 심리학자 킴 위트 등은 피부암 예방을 소재로 실험을 설계했다. 참가자들에게는 네 가지 유형의 메시지가 제시됐다.

첫째, "피부암 위험이 매우 크다. 하지만 선크림을 바르면 충분히 예방할 수 있다"라는 높은 위협·높은 효과성 메시지. 둘째, "피부암 위험이 매우 크다. 하지만 예방 방법은 별로 없다"라는 높은 위협·낮은 효과성 메시지. 셋째, "피부암 위험은 낮지만, 선크림은 예방에 효과적이다"라는 낮은 위협·높은 효과성 메시지. 넷째, "피부암 위험도 낮고, 예방 방법도 별로 없다"라는 낮은 위협·낮은 효과성 메시지, 이렇게 총 네 가지의 메시지가 제시되었다.

공포는 사람을 바꾼다.

결과는 명확했다. 사람들이 가장 행동 변화를 일으킨 경우는 '위협이 크다'는 경고와 동시에 '해결책이 있다'는 확신이 함께 제시된 메시지를 접했을 때였다. 이때 사람들은 실제로 선크림을 바를 의향이 크게 높아졌다. 두려움을 느끼되, 그것을 이겨낼 방법이 분명할 때 사람들은 실제 행동으로 이어진다는 것이다. 사람의 이런 모습도 다크 심리학에서 활용하여, 공포를 자극하고 단 하나의 제안을 제시하는 전략으로 사용된다.

　반대로, "위협은 크다"라는 경고만 주고 "방법은 없다"라는 메시지가 따라오면 사람들의 반응은 달라졌다. 이 경우 사람들은 문제를 해결하려 하지 않고, 불안한 마음 자체를 피하려는 방향으로 움직였다. 이런 상황에서는 메시지를 전달한 사람이나 집단에게 더 의존하는 경향까지 나타났다. 스스로는 해결할 방법이 없다고 느낄 때, 사람들은 문제 해결보다 불안을 덜어줄 '구원자' 같은 존재를 찾게 된다. 공포 메시지는 판단력을 완전히 마비시킨다. 공포 상태에서는 이성적 사고가 차단되고, 오직 위험에서 벗어나려는 충동만 남는다. 조종자는 바로 이 상태를 노린다.

원칙1 위협하는 근거를 요구하라

위협 메시지를 들었다면 감정에 휘둘리지 말고 즉시 논리적 질문을 던져야 한다. 공포를 분석 대상으로 바꾸는 순간, 그 힘은 크게 약해진다. 막연한 위협은 실체가 없는 그림자와 같다. 하지만 그림자도 구체적으로 분석하면 그 정체가 드러난다. 위협 메시지를 들었을 때 가장 먼저 해야 할 일은 그 위협의 실체를 파악하는 것이다.

"그 위협은 실제로 얼마나 가능성이 있는가?", "그 말을 뒷받침하는 근거는 무엇인가?", "언제, 어떤 방식으로 그런 일이 일어날 수 있는가?"와 같은 질문을 던져야 한다. 대부분의 조작적 위협은 구체적인 근거를 제시하지 못한다.

근거 없는 공포는 정체가 드러나는 순간 무너진다.

투자 상담을 하게 되었는데 "지금 투자하지 않으면 큰 손해"라는 말을 들으면, "구체적으로 어떤 손해인가요? 그런 일이 일어날 확률은 몇 퍼센트인가요? 관련 통계나 자료가 있나요?"라고 물어보라. 진짜 위험이라면 구체적인 데이터가 있을 것이고, 조작이라면 막연한 답변만 나올 것이다. 직장에서 상사가 "이 프로젝트가 실패하면 팀 전체가 책임져야 한다"고 말할 때, "구체적으로 어떤 위험이 있는지 데이터로 확인해볼 수 있을까요?"라고 물어보라. **막연한 위협을 구체적인 수치로 바꾸는 순간, 공포는 관리 가능한 문제가 된다.**

가족이 "네가 이렇게 하면 우리 가족이 망한다"고 말할 때는, "구체적으로 어떤 문제가 생기는 건가요? 다른 해결 방법은 정말 없을까요?"라고 물어보라. 막연한 파멸보다는 구체적인 문제와 해결책을 중심으로 대화하라.

원칙2 신체 반응을 다스려라

공포와 불안은 단순히 머릿속의 생각이 아니라 전신에 영향을 미치는 생리적 반응이다. 심박수가 빨라지고, 호흡이 얕아지고, 근육이 긴장되고, 소화가 잘 안 되는 등의 신체 증상들이 나타난다. 신체 변화를 의식적으로 관찰하는 것도 중요하다. 가슴이 답답해지거나, 손바닥에 땀이 나거나, 목소리가 떨리기 시작하는 순간, "아, 지금 내 몸이 스트레스 반응을 보이고 있구나"라고 인식하는 것 자체가 감정과 나를 분리하는 1차 방어막이 된다. 증상을 자각하는 순간, 감정에 휩쓸리는 대신 관찰자의 위치로 물러나게 되고, 그만큼 폭발적 반응의 가능성이 줄어든다. 즉, 신체 감각을 체크하는 습관은 감정을 제어하는 가장 기초적이면서도 강력한 방법이다.

몸과 마음이 함께 흔들릴 때는, 한쪽을 꼭 붙들어라.

신체 상태를 점검하고 신체 반응을 조절하면 감정도 함께 진정된다. 호흡을 조절하는 것의 효과는 의외로 대단하다. 심지어 2023년의 어떤 연구에서는 호흡 운동을 하는 사람들이 명상을 하는 사람들보다 불안을 덜 느낀다는 결과를 얻기도 했다. 이 연구 결과에서 명상보다 확연히 효과가 컸던 방식은 4초 동안 숨을 들이마신 뒤 4초 동안 숨을 멈추고, 다시 4초 숨을 내쉬기를 반복하는 운동이었다. 호흡을 조절하면 몸의 긴장을 풀어주는 부교감신경계를 활성화하는 효과를 거둘 수 있다.

근육 이완 역시 단순한 몸풀기가 아니다. 어깨를 의식적으로 내리고, 턱의 힘을 빼고, 주먹을 펴는 행동은 교감신경의

과잉 흥분을 억제하고, 부교감신경을 다시 활성화시킨다. 실제로 심리치료나 불안장애 치료에서도 '점진적 근육 이완법'이 핵심 기법으로 쓰인다. 신체가 긴장을 풀면 뇌는 "위험이 줄어들었다"는 신호를 받고 불필요한 경계 태세를 내려놓는다. 따라서 "지금 내 몸이 긴장하고 있다"는 것을 알아차리는 순간, 단순히 의지만으로가 아니라 생리적 회로를 거쳐 감정을 이완시킬 수 있다. 몸을 풀어내는 행위는 단순한 제스처가 아니라 감정 조작에 맞서는 가장 즉각적이고 과학적인 대응법이다.

원칙3 불안마저도 분석하라

불안의 가장 큰 특징은 그것이 주관적이고 막연하다는 것이다. "뭔가 잘못될 것 같다", "혹시 모르겠다", "만약에…"라는 식의 모호한 걱정들이 머릿속을 맴돈다. 이런 불안을 객관화하면 그 실체가 명확해진다. "나는 지금 불안하다"가 아니라 "지금 내 머릿속에 '혹시 실패하면 어떡하지'라는 생각이 떠오르고 있다"라고 구체적으로 기록하라. 불안을 제3자의 시선으로 관찰하는 순간, 그것은 더 이상 나를 압도하지 못한다.

불안을 분해해서 분석해보라. "내가 정확히 무엇을 걱정하고 있는가?", "그 걱정이 현실화될 확률은 얼마나 되는가?", "설령 그런 일이 일어난다면 어떻게 대처할 수 있는가?", "이 걱정이 누군가에 의해 의도적으로 유발된 것은 아닌가?" 같은 질문들을 스스로에게 던져라. 시간적 관점에서도 분석해보라. "이 걱정이 1년 후에도 중요할까?", "5년 후에도 기억할 만한 일일까?", "내가 죽을 때 후회할 만한 결정일까?" 시간의 거리를 두고 보면 대부분의 불안이 과장되었다는 것을 알 수 있다.

가장 중요한 것은 "이 불안이 나를 더 나은 결정으로 이끌고 있는가?"라는 질문이다. 건설적인 불안은 준비와 대비로 이어지지만, 조작적 불안은 급작스러운 결정과 의존으로 이어진다.

쉽게 할 수 있는 불안 유발 극복

불안은 언제나 "지금 행동하지 않으면 큰일 난다"는 식의 압박으로 다가온다. 그러나 실제로는 대부분의 상황이 그렇게 긴급하지 않다. 중요한 것은 그 순간에 불안의 프레임에 휘둘리지 않고, 질문과 검증을 통해 진짜 상황을 확인하는 것이다.

직장에서는 흔히 마감과 관련된 압박이 불안을 자극한다. "내일까지 끝내지 못하면 큰일 난다"는 말을 들었을 때 즉시 겁먹기보다, "정확히 어떤 문제가 생기는 건가요? 연장 가능성은 없나요? 우선순위를 조정할 수는 없나요?"라고 물어야 한다. 이렇게 질문하면 모호한 위협이 구체적인 협상으로 바뀐다. 대부분의 '급한 일'은 조정할 수 있고, 실제로는 절박하지 않은 경우가 많다.

투자나 영업 상담에서도 비슷하다. "지금 가입하지 않으면 나중에 더 비싸진다"는 말은 전형적인 불안 조장 기법이다. 이때는 "그 정보가 사실이라면 서면으로 주시겠어요? 제가 검토해보겠습니다"라고 답하라. 진짜라면 자료로 확인할 수 있고, 거짓이라면 쉽게 들통이 난다. 마찬가지로 "한정 수량", "오늘만 혜택" 같은 문구도 반복적으로 쓰이는 장사 수법일 뿐이다. 시간을 벌고 근거를 요구하는 순간, 불안은 힘을 잃는다.

인간관계에서도 불안은 조종의 무기가 된다. 연인이 "우리가 헤어지면 너도 후회할 거야"라며 불안을 자극할 때, "지금은 감정이 격한 것 같으니 시간을 두고 차분히 얘기하자"라고 대응할 수 있다. 가족이 "네가 이렇게 하면 우리 체면이 말이 아니야"라고 압박할 때는, "구체적으로 어떤 문제가 생기는 건가요? 다른 해결 방법은 없을까요?"라고 묻는 것이 효과적이다. 모호한 두려움은 구체적인 질문 앞에서 힘을 잃는다.

결국 핵심은 같다. 불안은 언제나 "즉시 반응하라"는 압박으로 다가오지만, 시간을 벌고, 구체적으로 묻고, 근거를 요구하면 대부분의 위협은 실제보다 훨씬 작아진다. 불안에 휘둘리는 대신, 불안을 객관적으로 바라보는 순간, 당신은 더 이상 조종당하지 않는다.

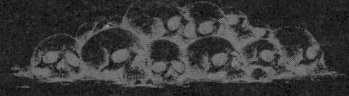

공포와 불안을 성공적으로 막아내는 사람의 말버릇

◆ **위협 메시지를 분석한다**
  → "구체적으로 어떤 위험인가요?"
  → "그럴 확률은 얼마나 되나요?"

◆ **신체 반응을 확인한다**
  → "심장 뛰는 거 보니 나 지금 불안하네."

◆ **불안을 객관화한다**
  → "내 머릿속에 이러저러한 걱정이 떠오르고 있다"

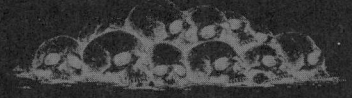

공포와 불안을 막아내는 체크리스트

■ 위협 메시지를 들으면 즉시 구체적 근거를 요구하기

■ 불안할 때는 심호흡으로 신체 반응을 진정시키기

■ 걱정을 글로 적어 객관적으로 분석하기

■ 위협의 실체를 확인할 때는 질문 형태로 부드럽게 전달해 관계 손상 방지하기

분노를 정보로 만들어라

분노를 객관화하는 전략

회의실. 프로젝트가 지연되자 상사가 회의 도중 갑자기 나를 지목하며 말했다.

"이게 다 ○○씨 때문 아닌가요? 일이 이렇게 늦어진 게."

순간 얼굴이 뜨거워졌다. 억울함과 분노가 동시에 치밀어 오르고, 당장 반박하고 싶은 충동이 솟는다. "제가 잘못한 게 아니에요!"라고 소리치고 싶다. 그런데 곧 깨닫는다. 이 자리는 동료들이 다 보는 공식적인 자리다. 내가 화를 내면 오히려 "감정적이고 방어적인 사람"이라는 인상만 남게 될 것이다. 과연 이 분노는 정말 나의 것일까, 아니면 상사가 의도적으로 내 약점을 찔러 팀 앞에서 나를 불리하게 만들려는 전략이었던 걸까?

분노한 사람의 뇌에선 이성이 자리를 비운다.

분노도 공포처럼 다크 심리학에서 좋아하는 감정이다. 화가 난 사람은 논리적으로 생각하지 못한다. 대신 즉각적이고 감정적인 반응만 할 뿐이다. 하버드 의과대학 신경과학과 연구에 따르면, 분노 상태에서는 전두엽 활동이 급격히 감소하고, 충동과 공격성을 담당하는 변연계가 활성화된다. 마치 이성적 사고를 담당하는 CEO가 자리를 비우고, 원시적 본능을 담당하는 경비원이 회사를 장악하는 것과 같다.

직장에서 상사가 "너는 왜 이렇게 일처리가 느려?"라고 비판할 때, 그 순간 당신 안에서는 방어적 분노가 일어난다. 친구가 "너는 정말 이해심이 없어"라고 말할 때도 마찬가지다. 즉시 "내가 언제?"라고 반박하고 싶어진다.

다크 심리학을 사용하는 조작자는 상대를 화내게 만들려고 한다. 분노한 상태에서는 논리적 반박이 어렵고, 감정적 대응

밖에 할 수 없다. 그리고 그 감정적 대응을 빌미로 "왜 그렇게 화를 내?"라며 2차 공격을 하면 되니 정말 좋은 먹잇감이다. 방어자는 이 순간을 역전시켜야 한다. 분노를 감정으로 보지 말고, 정보로 바라보는 것이다. 분노는 '무언가 잘못되었다'는 신호다. 하지만 그 무언가가 실제로 잘못된 것인지, 아니면 누군가에 의해 잘못되었다고 느끼도록 조작된 것인지는 별개의 문제다.

원칙1 분노에 이름표를 붙이고 분석하라

분노가 치밀어 오르는 순간 가장 먼저 해야 할 일은 그것을 인정하는 것이다. "나는 지금 화가 났다"라고 스스로 말하는 것만으로도 감정의 폭발력이 줄어든다. 이 과정은 뇌과학적으로도 설명된다. 감정에 이름을 붙이는 행위는 뇌의 편도체 활동을 가라앉히고, 감정을 조절하는 전두엽을 활성화한다. 다시 말해, 단순히 감정을 의식하는 것만으로도 뇌는 즉각적인 반응 대신 차분한 사고 모드로 전환된다.

하지만 여기서 멈추지 말고 더 깊이 들어가야 한다. 단순히

"화가 났다"라고 인식하는 것에서 한 걸음 더 나아가, "나는 정확히 무엇 때문에 화가 났는가?", "이 분노는 정당한가?", "혹시 누군가 의도적으로 내 감정을 자극한 것은 아닌가?"라는 질문을 던져보라. 이런 자기 질문을 통해 감정의 원인과 배경을 구체화하면, 분노가 막연한 감정적 폭발이 아니라 분석 가능한 현상으로 바뀐다.

나의 감정에 잠시 거리를 둘 줄 알아야 한다.

이 과정에서 중요한 것은 거리두기다. "내가 화가 났다"라고 동일시하기보다 "내 안에서 화라는 감정이 일어나고 있다"라고 표현하는 것이다. 이렇게 주어를 바꾸는 작은 언어 습관만으로도 감정과 자신을 분리할 수 있고, 분노는 더 이상 '나' 자체가 아니라 '관찰할 수 있는 현상'으로 전환된다.

분노 분석은 또한 상대의 의도를 판별하는 데에도 도움이 된다. 때로는 실제 상황보다 과장된 표현이나 공격적인 단어가 우리의 감정을 자극한다. 하지만 그것이 상대의 실질적인 비판인지, 아니면 단지 상대가 자신의 목적을 이루기 위해 의도적으로 던진 말인지 구분할 필요가 있다. 이런 구분을 통해 "정말 나의 잘못인가, 아니면 상대의 술책인가"를 판별할 수 있다.

결국 분노에 이름표를 붙이고 분석하는 습관은 단순히 화를 누그러뜨리는 차원이 아니라, 감정에 휘둘리지 않고 전략적으로 대응할 수 있는 첫걸음이다. **감정을 관찰하는 순간, 감정은 더 이상 나를 지배하지 못한다.**

원칙2 분노 유발의 의도를 파악하라

모든 분노가 자연스러운 것은 아니다. 어떤 경우에는 상황이 아니라 상대방의 전략이 당신의 감정을 자극한다. 다크 심리학적 조종자들은 분노를 의도적으로 유발시켜 당신을 충동적인 상태로 몰아넣는다. 분노는 순간적으로 판단력을 흐리게 만들고, 결국 상대가 원하는 방향으로 끌려가게 되는 것이다. 따라서 감정을 관리하는 첫걸음은 "이 분노가 우연히 일어난 것인가, 아니면 누군가 의도적으로 설계한 것인가?"를 묻는 것이다.

특히 조종자들은 당신의 약점과 콤플렉스를 집중적으로 겨냥한다. 단순한 의견 차이가 아니라, 반복적으로 당신을 비난하거나 일반화된 평가를 던질 때는 그 의도를 의심해야 한다. "너는 항상 그래", "다른 사람들은 너보다 낫던데" 같은 말은 실수라기보다 전략적으로 던져진 미끼일 가능성이 크다.

또 다른 중요한 단서는 맥락이다. 상대방이 무언가를 요구하거나 설득하기 직전에 굳이 당신을 자극하는 말을 던진다면, 그것은 의도된 도발일 가능성이 높다. 먼저 화를 유발한 뒤 "그렇게 화낼 일이야?"라는 말로 당신을 비합리적으로 보이게 만드는 것이다. 상대방의 반응 태도 역시 중요한 신호다. 당신이 화를 내는 모습을 보고 상대가 은근히 만족하거나 미소를 짓는다면, 그것은 실수가 아니라 의도된 자극이었다는 증거다. **진심으로 문제를 해결하려는 사람이라면 당신의 분노를 무마하거나 사과하려 할 것이지, 기름을 붓지는 않는다.**

마지막으로, 조종자들은 흔히 "너 왜 그렇게 예민해?", "농담인데 왜 진지하게 받아들여?"라는 말로 당신의 감정을 무효화한다. 이는 분노를 유발한 책임을 피해 가기 위한 전형적인 술책이다. 만약 진짜로 실수였다면 변명 대신 사과와 해명이 먼저 나왔을 것이다. 결국 중요한 것은 분노의 감정 자체에 휘둘리기보다, 그 감정을 "누군가의 의도된 장치일 수 있다"

는 관점에서 분석하는 것이다. 분노의 배후를 읽어낼 수 있을 때, 당신은 감정적 폭발 대신 차분한 대응을 선택할 수 있다.

원칙3 차분히 주도권을 되찾아라

분노의 원인을 파악했다면, 이제 그것을 건설적인 행동으로 전환해야 한다. 감정적 반응은 조종자가 원하는 것이고, 차분하고 논리적인 대응은 당신이 원하는 것이다. 조종자는 당신이 폭발하길 바라지만, 당신이 오히려 이성적으로 응수한다면 그 순간 게임의 판은 바뀐다. 상대의 전략은 무너지고, 당신은 감정의 주도권을 되찾는다.

여기서 중요한 것은 분노를 억누르거나 감추는 것이 아니다. 오히려 분노라는 에너지를 문제 해결의 원동력으로 바꾸는 것이다. 순간적으로 감정을 쏟아내면 해소되는 듯 보이지만, 그 결과는 대체로 후회와 관계 손상이다. 반대로, 분노를 차분한 태도로 전환하면 오히려 당신의 성숙함과 통제력이 드러난다. 이는 상대에게는 가장 불편한 결과이자, 당신에게는 가장 든든한 방패다.

상대방이 당신을 비판했을 때, 막연한 비난에 곧바로 상처 받거나 방어하기보다 "구체적으로 어떤 부분을 개선해야 한다고 생각하시나요?"라고 묻는다면, 대화는 즉시 현실적인 차원으로 옮겨간다. 이는 단순히 기분을 추스르는 기술이 아니라, 막연한 감정적 공격을 구체적 피드백의 장으로 바꾸는 전략이다.

차분함은 가장 강력한 반격이다.

상대방이 자극적인 말을 던질 때도 마찬가지다. 그 순간 화를 내면 상대의 의도대로 끌려가지만, "이 대화가 지금은 건설적이지 않은 것 같아요. 진짜 문제를 차분히 얘기해보면 어떨까요?"라고 말한다면, 상대는 감정전보다 문제 해결의 장으로 끌려 들어올 수밖에 없다. 즉, 분노의 흐름을 억제하는 것이 아니라 방향을 바꾸는 것이다.

더 나아가 상대방이 성격이나 인격을 공격할 때는 더욱 흔들리기 쉽다. 그러나 "성격 문제라면 제가 개선할 방법이 없습니다. 구체적인 행동이나 말에서 어떤 점이 문제였는지 알려주실 수 있나요?"라고 되물으면, 모호한 인격 공격은 힘을 잃고 현실적인 행동 논의로 전환된다. 이는 당신**이 비난의 대상이 아니라 대화의 주도자임을 드러내는 방식이다.**

궁극적으로 중요한 것은 "내가 당신의 공격에 휘둘리지 않고, 내 방식대로 대화하겠다"는 메시지를 행동으로 보여주는 것이다. 상대가 화를 끌어내려는 모든 시도 앞에서, 당신은 차분히 주도권을 쥐고 건설적인 대화의 흐름을 만들어야 한다. 이 순간, 조종자가 의도한 판은 깨지고 당신이 판을 다시 짜는 주체가 된다.

쉽게 할 수 있는 분노 유발 방어

분노를 다룰 때 가장 중요한 원칙은 즉시 반응하지 않는 것이다. 순간적으로 튀어나오는 말과 행동은 조종자들이 원하는 바로 그 결과다. 따라서 먼저 "나는 지금 화가 났다"는 사실을 인정하고, 이어서 "그런데 정확히 무엇 때문에 화가 났는지 살펴보고 싶다"라고 스스로에게 말해보라. 이렇게 짧은 멈춤을 갖는 것만으로도 감정은 객관화되고, 불필요한 폭발을 막을 수 있다.

특히 남의 감정을 건드리려는 사람들은 당신이 원인 규명보다 반응에 몰두하도록 유도한다. "너 때문에 화났어!"라는 말은 상대의 의도를 강화시킬 뿐이다. 대신 "내가 화가 난 이유는 내 말이 무시되었다고 느꼈기 때문이야. 그런데 정말로 무시당한 걸까, 아니면 내가 잘못 이해한 걸까?"와 같이 분석적으로 접근하면 감정은 단순한 분노가 아니라 탐구의 대상이 된다.

이 원칙은 직장, 가족, 인간관계 등 다양한 상황에 적용된다. 직장에서 상사가 일처리를 비난할 때 즉시 방어하기보다는, "나는 지금 기분이 나쁘다. 내 능력을 비판받는다고 느꼈기 때문이구나. 그런데 정말로 내가 느린 건지, 아니면 기준이 비현실적인 건지 객관적으로 판단해보자"라고 접근하라. 상황을 검토한 뒤 "구체적으로 어떤 부분을 개선하면 좋을까요?"라고 대응하는 편이 훨씬 건설적이다.

연인이 "너 정말 이기적이야"라고 말했을 때, 즉시 "나는 이기적이지 않아!"라고 반응하는 대신, "나는 지금 화가 났다. 이기적이라는 말을 들어서 화가 났구나. 그런데 정말로 내가 이기적이었을까? 아니면 내 행동이 잘못 해석된 걸까?"라고 분석해보라. 친구가 "너는 정말 이해심이 없어"라고 말할 때도 "나는 지금 억울함을 느끼고 있다. 이해심이 없다는 말이 공정한 평가인지, 아니면 친구가 자신의 요구를 관철시키기 위해 사용한 표현인지 생각해보자"라고 객관화하라.

핵심은 '나는 화가 났다'가 아니라 '내 안에서 분노라는 감정이 일어나고 있다'라는 거리두기를 갖는 것이다. 이렇게 하면 분노는 통제 불가능한 힘이 아니라, 내가 관찰하고 다룰 수 있는 현상이 된다. 결국 분노 유발 방어란, 감정에 휘둘리지 않고 차분히 분석의 시선으로 전환하는 훈련인 셈이다.

분노 유발 방어 전략의 함정과 한계

모든 분노가 가짜는 아니며 때로는 정당한 분노도 있다. 이를 구분하는 지혜가 필요하다. 또한 지나친 분석이 감정의 자연스러운 흐름을 방해할 수도 있다. 때로는 감정을 있는 그대로 느끼고 표현하는 것이 더 건강할 수도 있다. 그러나 이는 언제나 상대적인 것이어서 자칫 감정에 솔직한 것이 사회 생활에서 문제가 되기 쉽다. 때문에 균형을 유지하는 것이 중요하다. 무엇보다 이런 기법들이 여러 인간관계를 피하는 핑계가 되어서는 안 된다. 감정을 객관화하는 목적은 더 나은 관계를 만들기 위함이지, 관계 자체를 피하기 위함이 아니다.

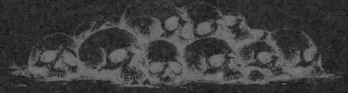

분노 유발 방어 전략에 성공하는 사람의 말버릇

◆ **분노를 객관화한다**
  → "나는 지금 화가 났다."
  → (감정을 언어로 명명하고 원인·정당성 분석)

◆ **분노의 원인을 분석한다**
  → "지금 나의 화는 정확히 무엇 때문일까?"

◆ **감정을 정보로 활용한다**
  → "이 감정이 나에게 무엇을 알려주고 있는가?"

분노 유발 방어 체크리스트

■ 분노가 일어나면 즉시 감정을 언어로 명명하기

■ 죄책감을 느낄 때는 과거와 현재를 분리해서 생각하기

■ 감정적 압박에 즉각 반응하지 말고 시간을 두고 대응하기

■ 거절·대응 시에는 먼저 감사 표현 후 건설적 대안 제시하기

"자기라는 뿌리를 깊이 내리면
흔들리지 않는다"

4부

관계 조작 방어하기

나만의 울타리를 지켜라

거절의 힘

"주말에 시간 있어? 작은 부탁이 있는데…" 친구의 메시지를 받은 순간, 당신의 머릿속에는 이미 '어떻게 거절하지?'라는 고민이 떠올랐다. 사실 주말에는 개인적인 시간을 보내고 싶었다. 하지만 "아니야, 바빠"라고 말하기가 어려웠다. 친구가 서운해할까 봐, 이기적인 사람으로 보일까 봐, 관계가 나빠질까 봐. 결국 "응, 뭔데?"라고 답장을 보냈다. 바로 이 순간, 당신의 경계가 무너진 것이다.

다른 이들은 바로 이 지점을 노린다. 그들은 상대가 거절하지 못하리라는 확신을 갖고 있다. 그럴 수밖에 없도록 미리 해온 것들이 있기 때문이다. 그래서 그들은 점점 더 큰 요구를 해온다. 많은 사람은 거절을 무례, 이기심, 혹은 관계 파괴로 오해한다. 하지만 실제로는 그 반대다. 거절은 자기 권리이자, 건강한 관계를 위한 필수 조건이다.

거절하지 못하는 사람들은 겉으로는 모든 요청을 들어주지만, 내심으로는 불만과 스트레스가 쌓인다. 그리고 그 불만은 언젠가 폭발하거나, 관계에 대한 회피로 이어진다. 거절하지 못하는 사람들은 인간관계가 깨질까 두려워 거절하지 않지만, 그런 사람일수록 더욱 인간관계가 어렵다. 일방적으로 조종과 착취를 당하기 쉽기 때문이다. 악한 이들은 거절하지 못하는 사람들을 정확히 알아본다. 그리고 그런 사람들에게 더 자주, 더 큰 요구를 한다.

거절은 단순히 누군가의 부탁을 뿌리치는 행동이 아니라, 자기 자신을 지키고 삶을 주도적으로 살아가기 위한 중요한 기술이다. 여러 연구 결과들은 거절을 잘하는 능력이 정신 건강과 인간관계, 그리고 삶의 만족도 전반에 긍정적인 영향을 미친다고 말한다.

거절이 오히려 인간관계의 윤활유다.

정신 건강 측면에서 거절은 불안과 스트레스, 우울감을 줄이는 데 효과적이다. 부탁을 들어주기만 하다 보면 시간과 에너지가 고갈되고, 결국 번아웃에 이르기 쉽다. 하지만 필요할 때 "아니요"라고 말할 수 있는 사람은 자기 자율성을 지키고 자존감을 높일 수 있다. 이는 단순한 태도의 문제가 아니라, 자신을 보호하는 심리적 방패와도 같다.

또한, 거절은 건강한 관계의 기반이 된다. 많은 사람들이 거절을 부정적인 것으로만 여기지만, 사실 거절은 관계 안에서 자신이 어디까지 허용할 수 있는지를 명확히 보여주는 과정이다. 적절한 경계 설정은 상호 존중과 신뢰를 만드는 핵심 요소다. 반대로 경계가 모호하면 한쪽이 일방적으로 종속되거나 불균형적인 관계가 이어질 수 있다. 결국 거절은 관계를 깨뜨리는 것이 아니라, 오히려 관계를 더 건강하고 안정적으로 만드는 도구인 셈이다.

거절은 자기 존중의 표현이기도 하다. 끊임없이 타인의 부탁에 응하는 삶은 자기 삶을 통제할 수 있다는 감각을 잃게 만들고, 스스로를 소모시킨다. 그러나 거절을 통해 우리는 "내 삶의 우선순위는 이것이다"라는 메시지를 분명히 하며, 원하는 방향으로 삶을 이끌어갈 수 있다. 자기 주도적인 삶의 출발점이 바로 거절에 있는 것이다.

실제로 대인관계 만족도와 거절 능력 사이에는 밀접한 연관이 있다. 연구에 따르면, 거절에 민감한 사람일수록 대인관계 만족도가 낮아지는 경향이 있었다. 상대방의 반응을 두려워하며 자신의 의사를 드러내지 못하면, 관계 속에서 불균형과 불만족이 쌓일 수밖에 없다. 반대로 거절을 자연스럽게 해낼 수 있는 사람은 관계 안에서 솔직함과 균형을 유지하며, 더 높은 만족감을 경험한다. 결국, 거절은 무례함이 아니라 자기 존중의 표현이며, 더 건강한 관계와 삶을 위한 기술이다. **거절하는 용기는 곧 나답게 살아갈 힘이다.**

원칙1 명확하고 간결하게 거절하라

거절을 잘하는 핵심은 명확성과 간결성이다. 많은 사람들이 거절이 불편해 돌려서 말한다. 그러나 애매한 표현은 상대방에게 여지를 주고, 결국 더 강한 압박으로 돌아온다. "좀 어려울 것 같은데…", "시간이 되면…", "나중에 보자…"라는 말은 사실상 '가능하다'는 신호로 해석되기 쉽다. 당신을 조종하려 하는 사람은 모호한 표현을 집요하게 파고든다. "좀 생각해볼게"라는 말은 그들에게는 "더 밀어붙이면 된다"는 신호다. 그들은 당신이 흔들릴 여지를 찾고, 그 틈을 발판 삼아 요구를 키워간다. 거절을 회피하는 태도는 단기적으로는 충돌을 피하는 듯 보이지만, 장기적으로는 상대에게 '더 밀어붙여도 된다'는 잘못된 기대를 준다. 따라서 "안 됩니다", "어려워요", "할 수 없어요"처럼 분명하고 간단하게 표현하는 것이 가장 효과적인 방어다.

거절은 간단하고 단호해야 한다.

또한, 불필요한 장황한 설명은 피해야 한다. 이유를 길게 늘어놓을수록 상대방은 그 틈을 파고들어 반박하거나 협상을 시도한다. 반면, "주말에는 개인 시간을 보내고 싶어서요", "지금은 다른 일로 바빠서요" 같은 한두 문장의 간단한 이유는 상대방이 반박할 여지를 최소화한다. **거절은 상대를 설득하는 과정이 아니다.** 나의 경계를 알리는 행위라는 점을 기억해야 한다. 이런 식으로 대응해야 어떠한 조작도 끼어들 여지가 없어진다.

예를 들어, 연인이 "오늘 친구들과 약속 취소하고 나랑 있어줘"라고 부탁했을 때 "친구들과의 약속도 중요해서 다음에 시간을 낼게"라고 짧게 말하라. 상대가 "왜 친구가 나보다 중요해?"라고 압박하더라도 "둘 다 중요하지만, 약속은 지키고 싶어"라고 일관되게 반복하는 것이 핵심이다. 감정적으로 흔들리지 않고 같은 메시지를 유지하는 것이 오히려 상대방에게 확실한 신호가 된다.

같은 거절 메시지를 반복하라.

가족의 부탁도 마찬가지다. 부모가 "이번 주말에 대청소 좀 도와줘"라고 말했을 때, 미안한 마음에 얼버무리면 오히려 갈등이 커진다. "이번 주말은 힘들어요"라고 분명하게 거절한 뒤, "다음 주말은 어떠세요?"라고 대안을 제시하면 된다. 이렇게 하면 거절과 배려라는 균형 잡힌 메시지를 전달할 수 있어 관계가 훼손되지 않는다.

특히 금전 문제처럼 민감한 상황에서는 더욱 단호해야 한다. 친구가 "돈 좀 빌려줄래?"라고 했을 때 "돈 빌려주는 건 안 하는 원칙이야"라고 명확히 선을 긋는 것이 중요하다. 상대가 "왜? 얼마 안 되는데?"라고 묻더라도 "그냥 내 원칙이야"라고 일관되게 반복하라. 이때 핵심은 변명하지 않고 원칙을 강조하는 것이다.

원칙2 작은 침범부터 단호하게 차단하라

작은 경계 침범이 받아들여지면, 다크 심리학 사용자들은 점점 더 큰 압박을 가한다. 다크 심리학에서 자주 쓰이는 '문전 걸치기 기법(문간에 발 들여놓기 기법)'은 바로 이런 심리를 이용한다. 작은 부탁에 동의한 사람은 스스로 일관성을 지켜야 한다는 압박 때문에 이후의 큰 요구도 거절하지 못한다. 조작자는 이 점을 누구보다 잘 알고 있으며, 바로 그 이유로 사소한 부탁부터 시작한다. 작은 요구를 받아들이면 스스로 일관성을 유지하려는 심리가 작동해, 이후 더 큰 요구에도 동의할 가능성이 높아진다. 즉, 한 번 허용한 작은 양보가 훗날 더 큰 침범을 정당화하는 근거가 된다.

이러한 이유로 불편하다면 사소한 것이라도 처음부터 분명히 거절하는 태도가 필요하다. 거절은 단순히 지금의 상황을 끊어내는 것이 아니라, 앞으로 이어질 더 큰 압박을 막는 방패이기도 하다. "이번만"이라는 말은 조종자들이 가장 즐겨 쓰는 표현이지만, 실제로 "이번만"은 결코 이번만으로 끝나지 않는다. 그것은 항상 다음 침범을 예고하는 신호다.

"이번만" 이라는 말은 "다음에도" 라는 뜻이다.

예를 들어, 연인이 "휴대폰 잠깐만 보여줄래?"라고 가볍게 묻는다면, 불편하다면 즉시 "내 폰은 개인적인 거라서"라고 단호히 말해야 한다. 한 번 허용하면 다음에는 "비밀번호 알려줘", "누구랑 메시지하는 거야?" 같은 요구로 확대될 수 있다. 직장에서도 마찬가지다. 상사가 "이번 한 번만 야근해줄래?"라고 요청했을 때, 정말 불가능하다면 "오늘은 개인 약속이 있어 어렵습니다"라고 처음부터 분명히 거절해야 한다. 그렇지 않으면 "지난번에도 해줬잖아"라는 말이 반복되며, 결국 당연한 희생이 되어버린다.

가정에서도 같은 원리가 적용된다. 가족이 "네 방 좀 들어

가도 되지?"라고 할 때, 한두 번 허용하면 곧 허락 없이 드나드는 것이 습관이 된다. 이럴 때는 "미리 말해주시면 좋겠어요"라고 명확히 경계를 설정해야 한다. 작은 부탁 하나를 어떻게 다루느냐가 곧 관계의 균형을 결정짓는다. 핵심은 일관성이다. 조종자들은 '이번만'이라는 틈을 발판 삼아 점차 경계를 넓혀가려 한다. 따라서 작은 침범일수록 더 단호하게 차단해야 한다. 이는 무례하거나 비협조적인 태도가 아니라, 오히려 나와 상대방 모두를 건강한 관계 속에 두기 위한 가장 합리적인 선택이다.

원칙3 거절과 함께 대안을 제시하라

거절은 단순히 "안 된다"라고 말하는 행위로 끝나서는 안 된다. 무조건적인 거절은 상대방에게 배척당했다는 감정을 주어 관계를 악화시킬 수 있다. 반대로 모든 요구를 받아들이면 자신의 경계를 침해당해 불균형한 관계가 된다. 따라서 중요한 것은 자신을 보호하면서도 관계를 유지하는 방식으로 거절하는 것이다. 그 방법 중 하나가 바로 '대안을 제시하는 거절'이다. 다크 심리학에서는 당신의 거절을 '무정하다', '배신이다'라는 감정적 언어로 포장하며 죄책감을 자극하려 한다. 이때 대안을 제시하는 거절은 그들의 전략을 무력화한다. "나는 당신을 무시하는 게 아니라, 다른 방식으로 돕고 싶다"는 메시지가 들어 있기 때문이다.

대안을 제시하는 거절은 "당신을 배려하고 싶지만, 내 한계도 지키겠다"는 메시지를 동시에 전달한다. 이는 거절을 당한 상대가 불필요한 적대감을 느끼지 않도록 하고, 오히려 상호 존중과 신뢰를 강화하는 계기가 된다. 실제로 심리학 연구에서도, 상대방이 단순히 거절당했을 때보다 "대체 가능한 다른 방법"을 제안받았을 때 관계 만족도가 높게 유지된다는 결과가 보고된 바 있다.

거절하되 존중을 보여라.

예를 들어 직장에서 동료가 "이 일 좀 대신 해줄래?"라고 요청한다면, 무조건 거절하기보다는 "나도 일이 많아서 직접 해주긴 어렵지만, 필요한 방법은 알려드릴게요"라고 말할 수 있다. 친구가 "차 있으니까 우리 좀 태워줘"라고 요구할 때도

"오늘은 일정이 있어서 힘들어. 대신 택시비를 보태줄게"라고 대안을 제시하면 거절이 훨씬 부드럽게 전달된다.

가족이나 연인 관계에서도 마찬가지다. 부모가 "이번 주말에 꼭 와야 한다"고 압박한다면, "이번에는 힘들지만 다음에는 꼭 참석할게요"라고 미래의 가능성을 열어두라. 연인이 무리한 요구를 할 때는 "지금은 어렵지만 이런 방법은 어떨까?"라며 현실적인 타협점을 함께 찾는 것이 좋다. 중요한 것은 자신의 핵심 경계는 양보하지 않으면서도, 상대가 존중받고 있다고 느끼게 하는 것이다.

결국 대안 제시는 "나는 너를 거절하는 게 아니라, **나의 상황에 맞는 방식을 제안하는 것**"이라는 신호다. 이런 태도는 단순한 거절보다 훨씬 더 건설적이며, 장기적으로 건강한 관계를 지켜내는 힘이 된다.

쉽게 할 수 있는 거절 전략

거절은 불편하고 어려운 주제처럼 느껴지지만, 사실은 인간관계와 삶을 지켜내는 데 꼭 필요한 기술이다. 중요한 것은 모든 상황에서 일관되게 자신의 경계를 분명히 드러내는 것이다. 연인, 직장, 가족, 친구, 온라인 관계는 다르지만, 거절의 핵심 원리는 같다.

   연인 관계에서는 작은 간섭부터 명확히 선을 긋는 것이 필요하다. "누구랑 메시지하는 거야?"라는 질문에는 "친구야"라고 간단히 답하면 충분하다. 더 깊은 설명을 요구한다면 "개인적인 대화라서 자세히 말하고 싶지 않아"라고 경계를 확실히 하라. "친구 약속을 줄였으면 좋겠다"는 요구를 받을 때도 "친구들과의 관계도 중요해서 균형을 맞추고 싶어"라고 말하면, 상대는 당신이 단순히 반항하는 것이 아니라 균형을 고려하고 있다는 점을 이해하게 된다.

어디까지나 삶의 주체는 자신이어야 한다.

   직장에서는 상사의 사적 부탁이나 과도한 업무 요구가 반복되기 전에 조기에 차단해야 한다. "이번 주말에 개인적인 부탁이 있는데"라는 말에는 "주말은 제 개인 시간이라 어렵습니다. 평일에 가능한지 확인해주시면 검토하겠습니다"라고 응대하라. 또 "오늘 늦게까지 있어줄 수 있어?"라는 요청에는 "오늘은 개인 약속이 있어 어렵습니다. 대신 내일 일찍 와서 처리할까요?"라고 대안을 제시하라. 이는 단순한 거절이 아니라 책임감을 보이는 거절이다.

가족 관계에서도 마찬가지다. 부모의 기대와 압박은 종종 사랑이라는 이름으로 포장되지만, "네 나이면 결혼해야지"라는 압박에는 "생각은 있지만 제 속도로 하고 싶어요"라고 일관되게 주도권을 지켜야 한다. 형제자매가 금전적인 도움을 요청할 때도 "조카가 소중한 건 알지만 제 상황도 고려해야 합니다. 다른 방법을 같이 찾아보면 좋겠어요"라고 말하면 거절 속에서도 배려를 잃지 않을 수 있다.

친구 관계 역시 예외가 아니다. "너만 믿고 부탁하는 건데"라는 말은 흔히 쓰이는 압박이지만, "고맙지만 지금은 내 일도 바빠서 어려워"라고 선을 긋는 것이 정직하다. 친구라고 해서 모든 부탁을 들어줄 의무는 없다.

마지막으로, 온라인 공간에서는 더욱 단호한 경계가 필요하다. 카톡에서 "읽음" 표시를 이유로 즉각 답변을 요구하는 사람에게는 "메시지 확인과 답장은 별개"라고 알려줘야 한다. SNS에서 개인 정보를 과도하게 요구하는 사람에게는 차단이나 신고 기능을 주저 없이 활용하라.

결국, 거절은 관계를 끊는 행위가 아니라 건강한 관계를 지키는 기술이다. 상황이 다르더라도 핵심은 같다. 애매하게 미루지 말고, 명확하고 차분하게 경계를 세워라. 그렇게 할 때 비로소 상대도 당신의 선택을 존중하게 된다.

거절 전략의 함정과 한계

모든 요청을 거절하거나, 모든 상황에서 경계를 고집하면 인간관계가 메마를 수 있다. 상황과 관계의 특성을 고려한 유연성이 필요하다. 또한 경계 설정이 관계 회피의 핑계가 되어서는 안 된다. 건강한 경계는 더 나은 관계를 위한 것이지, 관계 자체를 피하기 위한 것이 아니다. 거절할 때는 가능한 범위에서 대안을 제시하고, 관계에 대한 배려를 보여주는 것이 중요하다.

무엇보다 경계 설정 능력은 하루아침에 생기지 않는다. 오랫동안 거절하지 못했던 사람이 갑자기 모든 것을 거절하려 하면 주변 사람들이 당황할 수 있다. 점진적이고 일관성 있게 경계를 세워나가는 지혜가 필요하다.

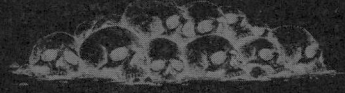

거절 전략에 성공하는 사람의 말버릇

◆ **명확하게 거절한다**
  → "안 됩니다"
  → "어려워요"
  → "할 수 없어요"

◆ **불필요한 변명은 하지 않고 메시지를 반복한다**
  → "예전부터 친구랑은 돈 거래는 안 하기로 했어"

◆ **대안을 제시하며 건설적으로 거절한다**
  → "안 되지만 이런 방법은 어떨까요?"

거절 전략 체크리스트

- ■ 불편한 요청을 받으면 즉시 명확하게 거절하기

- ■ 작은 경계 침범도 허용하지 않고 일관성 유지하기

- ■ 거절은 간결하게 하고 긴 변명은 피하기

- ■ 관계 손상을 막기 위해 거절과 함께 대안이나 배려를 표현하기

남과 똑같을 필요 없다

무의식적 모방의 함정 깨기

그 회식 자리에서 당신은 이상한 기시감을 느꼈다. 새로 온 팀장이 당신의 말투를 따라 하고 있었다. "그러게요, 정말 그렇네요"라는 추임새부터 시작해서, 잠깐 후에는 당신이 젓가락을 드는 타이밍에 맞춰 똑같이 움직이고 있었다. 심지어 당신이 몸을 앞으로 기울이자 상대방도 정확히 같은 각도로 몸을 기울였다. 그 순간 당신은 묘한 친밀감을 느꼈다. '이 사람과는 정말 잘 통하는구나'라는 생각이 들었다. 하지만 집에 돌아와서 생각해보니 무언가 이상했다. 모든 것이 너무 완벽하게 맞아떨어졌던 것이다.

이것이 바로 미러링 mirroring 의 실체다. 인간의 뇌는 자신과 비슷한 행동을 하는 사람에게 본능적으로 친밀감을 느끼도록 설계되어 있다. 원시 시대부터 같은 행동을 하는 사람은 같은 부족의 구성원일 가능성이 높았고, 따라서 생존에 유리한 동맹이었다. 하지만 현대의 교묘한 조종자들은 바로 이 진화적 본능을 무기로 사용한다.

미러링은 상대의 언어적·비언어적 행동을 의도적으로 모방하여 무의식적 친밀감과 신뢰를 유도하는 심리 조종 기법이다. 단순히 말투를 따라 하는 것부터 호흡 패턴, 자세, 제스처까지 정교하게 복사하는 고도의 기술이다. 문제는 이 과정이 너무나 자연스럽게 이루어져서, 표적이 조종당하고 있다는 사실조차 깨닫지 못한다는 점이다.

스탠포드 대학교 심리학과 연구에 따르면, 상대의 몸짓을 미묘하게 모방한 경우 호감도가 47% 증가하고, 협력 의향은 무려 73% 상승했다. 더 충격적인 것은 실험 참가자들이 자신이 모방당하고 있다는 사실을 전혀 인식하지 못했다는 점이다. 그들은 단순히 상대방과 잘 맞는다고 느꼈을 뿐이었다.

영업 현장에서 이 기법의 위력은 더욱 극명하게 드러난다.

보험 설계사가 고객의 말하는 속도에 맞추고, 부동산 중개업자가 고객의 앉는 자세를 따라 하며, 자동차 딜러가 고객의 손동작까지 모방한다. 이들은 모두 한 가지 목표를 갖고 있다. 고객의 경계심을 허물고 구매 결정을 유도하는 것이다.

연인 관계에서는 더욱 교묘하다. 상대방이 처음에는 당신의 취향을 따라 하고, 말투를 흉내 내고, 관심사를 공유하는 것처럼 보인다. 그리고 당신이 '우리는 정말 잘 맞는 사람이구나'라고 확신하는 순간부터, 상황이 역전된다. 어느 순간부터 당신이 상대방의 기준에 맞춰가고 있는 자신을 발견하게 된다. 이것이 바로 미러링을 통한 점진적 통제의 완성이다.

직장에서도 마찬가지다. 신입 사원이 당신의 업무 방식을 따라 하고, 회의에서 당신의 의견에 "정말 좋은 아이디어네요"라며 동조하다가, 어느 순간 당신의 아이디어를 자신의 것처럼 발표하거나 당신의 업무를 떠넘기는 경우들이 있다. 미러링은 신뢰를 쌓는 과정이지만, 그 신뢰가 악용될 때의 파괴력은 상상 이상이다.

그런데 진짜 무서운 점은 이 모든 과정에서 조종자 자신도 자신의 행동을 의식하지 못할 수 있다는 것이다. 타고난 조종자들은 미러링을 본능적으로 사용하며, 심지어 그것이 조종이라고 생각하지도 않는다. 그들에게는 그저 '사람들과 잘 지내는 방법'일 뿐이다.

나는 지금 당신에게 묻고 싶다. 최근에 누군가와 정말 잘 통한다고 느꼈던 그 순간이, 과연 진짜 교감이었을까 아니면 정교하게 설계된 미러링의 결과였을까.

미러링의 덫에서 벗어나려면, 먼저 자신이 거울 속에 있다는 사실을 깨달아야 한다.

원칙1 행동 패턴을 바꾸어보라

미러링을 당하고 있는지 확인하는 가장 효과적인 방법은 의도적으로 자신의 행동을 변화시켜보는 것이다. 일종의 '미러링 테스트'다. 대화 중에 자연스럽게 자세를 바꾸고, 말하는 속도를 조절하고, 제스처를 변화시켜보라. 만약 상대방이 계속해서 당신의 변화를 따라 한다면, 그것은 의도적 미러링일 가능성이 높다.

구체적인 실행 방법은 다음과 같다. 먼저 대화 초반에는 평소와 같이 행동하면서 상대방의 반응을 관찰한다. 그다음 단계별로 변화를 준다. 앉은 자세에서 다리를 꼬았다가 풀어보고, 손을 테이블 위에 올렸다가 무릎에 놓아보고, 말하는 속도를 빠르게 했다가 천천히 해보라. 이때 중요한 것은 자연스럽게 하는 것이다. 갑작스럽고 부자연스러운 변화는 상대방이 알아차릴 수 있다. 만약 상대방이 당신의 변화를 5초 이내에 따라 한다면, 그것은 거의 확실한 미러링이다. 자연스러운 동조는 훨씬 더 무작위적이고 지연적으로 나타난다. 특히 연속으로 3번 이상 당신의 변화를 따라 한다면, 의도적 조종을 의심해야 한다.

내가 달라지는 순간, 상대도 달라진다.
이것이 미러링이다.

이 방법은 영업 상황에서 특히 효과적이다. 자동차 딜러와 대화할 때 의도적으로 몸을 뒤로 젖혔다가 앞으로 기울여보라. 보험 설계사와 상담할 때 말하는 속도를 바꿔보라. 부동산 중개업자와 만날 때 손동작을 의식적으로 변화시켜보라. 그들의 반응 패턴을 통해 진짜 관심인지 영업 기법인지 구분할 수 있다.

연인 관계에서도 마찬가지다. 데이트 중에 상대방이 당신의 모든 행동을 따라 한다면, "우리 너무 비슷하게 행동하고 있지 않아?"라고 자연스럽게 언급하면서 상대방의 반응을 살펴보라. 진짜 무의식적 동조였다면 상대방도 놀라며 웃어넘길 것이고, 의도적이었다면 약간의 당황이나 변명을 보일 것이다.

원칙2 미러링을 되돌려주라

미러링은 원래 상대방과 친밀감을 높이고 호감을 얻는 데 자주 쓰이는 심리적 기술이다. 하지만 다크 심리학의 조종자들은 이 기법을 악용해 상대의 경계를 허물고 주도권을 빼앗는다. 그들은 은밀히 당신의 말투와 몸짓을 흉내 내며, 당신이 자신들과 비슷하다고 착각하게 만든다. 사람은 자신과 닮은 사람에게 무의식적인 친밀감을 느끼기 때문에, 미러링은 강력한 조종 도구로 기능한다. 문제는 이 친근감이 진짜 유대가 아니라 통제의 장치라는 점이다. 따라서 단순히 '아, 따라 하고 있네'라고 눈치채는 것만으로는 충분하지 않다. 상대방의 의도를 무력화하고 관계의 균형을 되찾기 위해서는 역미러링이라는 대응이 필요하다.

역미러링의 핵심은 상대방이 쓰고 있는 무기를 거울처럼 되돌려주는 것이다. 상대방이 무심한 듯 당신의 행동을 모방한다면, 당신은 더 의도적이고 노골적으로 그들의 특정 행동을 따라 해보라. 예를 들어, 상대가 당신의 "그렇네요"라는 말을 반복한다면, 그들이 "네, 맞습니다"라고 말할 때마다 똑같이 "네, 맞습니다"라고 따라 하는 것이다. 상대방이 팔짱을 끼면 당신은 머리를 긁고, 상대가 머리를 긁으면 당신은 또렷하게 똑같이 머리를 긁는다. 이런 방식은 단순한 모방이 아니라, "네가 쓰고 있는 기법을 내가 알고 있다"는 무언의 메시지를 전달한다. 대부분의 사람들은 자신이 미러링을 할 때는 눈치채지 못하지만, 자신이 당할 때는 본능적으로 불편함을 느낀다. 바로 이 불편함이 상대의 미러링을 중단시키는 신호가 된다.

**상대의 수법이 드러났다는 표시,
그것이 역미러링이다.**

연인 관계에서는 더 섬세하게 적용할 수 있다. 예컨대 상대가 지나치게 당신의 취향을 따라 하며 자기 개성을 잃어버린다면, "나도 네 취향을 한번 따라 해볼게"라며 일부러 흉내 내보라. 그러면 상대는 자신이 하고 있는 행동이 얼마나 과한지 객관적으로 인식하게 되고, 무의식적인 모방을 줄이게 된다. 직장에서도 동료가 당신의 업무 방식이나 말투를 과도하게 흉내 낼 때, "저도 선배님 방식을 배워보고 싶어요"라며 일부러 따라 해보면 된다. 이때 상대는 단순히 웃고 넘어가기보다, 자신이 하고 있던 미러링을 자각하며 자연스럽게 독립적인 태도로 돌아오게 된다.

역미러링은 단순한 장난이나 맞대응이 아니다. 이것은 상대의 전략을 드러내고 무력화하는 방어 기술이다. 조종자는 당신이 불편해하지 않는다고 생각하면 더 깊숙이 파고든다. 하지만 당신이 역미러링을 통해 "나는 네가 쓰는 방식을 이미 알고 있다"는 신호를 주면, 그 순간 그들의 전략은 힘을 잃는다. 결국 역미러링은 상대방의 무기를 거울처럼 돌려주는 동시에, 당신이 관계의 주도권을 되찾는 가장 단순하면서도 강력한 방법이다.

원칙3 차별화 유도를 통한 독립성 회복법

미러링을 확인했고 역미러링으로 상대에게 신호를 보냈다면, 그 다음은 상대가 스스로 달라지게 하는 것이다. 가장 근본적인 방어법은 상대방으로 하여금 스스로 차별화를 추구하게 만드는 것이다. 이것은 직접적인 대립 없이도 미러링을 중단시킬 수 있는 가장 세련된 방법이다. 핵심은 다양성과 개성의 가치를 자연스럽게 강조하는 것이다.

다크 심리학에서 미러링은 단순한 호감 유도가 아니라, 상대의 독립적 사고를 무너뜨려 종속적인 관계를 만들려는 술책으로 악용된다. 계속해서 나를 따라 하는 사람과 함께하다 보면 어느 순간 내 생각과 취향, 심지어 선택의 기준까지 상대와 뒤섞이게 된다. 이렇게 독립성을 잃은 사람은 자기 판단을 의심하고, 점점 더 상대의 판단에 기대게 된다. 조종자가 원하는 것은 바로 이런 상태다. 따라서 남과 나 사이의 차이를 드러내는 차별화 유도는 단순한 대화 기술이 아니라, 상대의 조종을 차단하고 나의 자율성을 회복하는 강력한 심리 전략이다.

차별화 유도의 구체적 방법은 상대방의 독립적 의견과 선택을 지속적으로 요구하는 것이다. "당신은 어떻게 생각하세요?", "다른 관점도 있을 것 같은데요", "당신만의 방식은 뭔가요?"와 같은 질문들을 통해 상대방이 자신만의 정체성을 드러내도록 유도하라.

관계에는 경계선이 필요하듯, 차이도 필요하다.

연인 관계에서는 "우리가 너무 비슷해지는 것 같지 않아? 각자의 개성도 중요한 것 같은데"라고 자연스럽게 언급하라. 그리고 "네가 정말 좋아하는 건 뭐야? 나와 다른 취향도 알고 싶어"라고 물어보며 상대방의 독립적 정체성을 격려하라. 대부분의 사람들은 개성을 인정받고 싶어 하기 때문에, 이런 접근에 긍정적으로 반응한다.

직장에서는 "다양한 접근 방식이 있을 텐데, 당신만의 아이디어는 뭔가요?"라고 물어보거나, "저와 다른 관점에서 보면 어떨까요?"라고 제안하여 독립적 사고를 유도하라. 회의에서 모든 사람이 같은 의견에 동조할 때도 "다른 시각도 들어보면 좋을 것 같은데요"라고 말하며 다양성을 격려하라. 영업 상황에서는 "전문가 입장에서는 어떤 다른 옵션들이 있을까요?"라고 물어보거나, "제 생각과 다른 부분은 없나요?"라고 질문하여 상대방이 단순한 동조에서 벗어나 전문적 의견을 제시하도록 유도하라.

이 방법의 핵심은 상대방을 비난하거나 공격하지 않으면서도, 자연스럽게 미러링에서 벗어나게 만드는 것이다. 사람들은 누구나 자신만의 독특함을 인정받고 싶어 한다. 이 욕구를 자극하면 과도한 미러링은 자연스럽게 감소한다. 또한 이 방법은 관계를 더욱 건강하게 만든다. 일방적인 모방보다는 상호적인 교감이, 획일성보다는 다양성이 더 깊이 있는 관계를 형성하기 때문이다. 진짜 친밀감은 차이를 인정하고 받아들이는 데서 나온다.

쉽게 할 수 있는 미러링 전략 방어

미러링은 상황에 따라 다르게 나타나며, 각각에 맞는 구체적인 대응 전략이 필요하다. 단순히 이론적 지식만으로는 실제 상황에서 즉시 적용하기 어렵기 때문에, 일상에서 바로 사용할 수 있는 실용적 방법들을 익혀두어야 한다.

연인

연인 관계에서 미러링은 가장 교묘하면서도 파괴적으로 나타난다. 초기에는 '우리가 정말 잘 맞는구나'라는 착각을 불러일으키다가, **점차 한쪽의 정체성을 소거시키는 방향으로 발전한다.** 특히 온라인 데이팅에서 만난 상대들 중에는 프로필 정보를 바탕으로 미리 미러링을 준비해오는 경우도 있다. 데이트 초기에 상대방이 당신의 모든 취향에 "저도 정말 좋아해요"라고 반응한다면 주의하라. 커피숍에서 당신이 아메리카노를 주문하자 상대방도 똑같이 주문하고, 당신이 재즈를 좋아한다고 하자 "저도 재즈 마니아예요"라고 말하며, 당신이 등산을 즐긴다고 하자 "저도 등산 동호회에 가입해볼까 생각했어요"라고 말한다면, 이는 과도한 일치다.

이럴 때는 "정말 취향이 비슷하네요. 그런데 저와 다른 점도 궁금해요. 저는 싫어하는데 당신은 좋아하는 것 같은 게 있나요?"라고 물어보라. 진짜 관심이 있는 사람이라면 자신만의 독특한 취향을 기꺼이 공유할 것이다.

상대방이 당신의 말투나 웃는 방식까지 따라 하기 시작한다면, "우리 점점 비슷해지고 있는데 재미있네요. 그런데 각자의 개성도 중요하죠"라고 자연스럽게 언급하라. 그리고 의도적으로 평소와 다른 표현 방식을 사용해보거나, 상대방이 어떻게 반응하는지 관찰하라. 만약 상대방이 당신의 모든 의견에 "완전 동감이에요"로만 반응한다면, "반대 의견도 들어보고 싶어요. 이 부분에 대해서는 어떻게 생각하세요?"라고 물어보며 독립적 사고를 유도하라. 건강한 관계는 동의와 불일치가 적절히 균형을 이루는 관계다.

직장

직장 내 미러링은 주로 권력 관계나 경쟁 상황에서 나타난다. 신입 사원이 선배의 업무 스타일을 배우는 것은 자연스럽지만, 과도하게 모든 것을 따라 하려 한다면 다른 의도가 있을 수 있다. 특히 승진이나 프로젝트 배정이 걸린 상황에서는 더욱 주의깊게 관찰해야 한다.

회의에서 동료가 당신의 의견에 항상 "정말 좋은 아이디어네요"라고 동조하면서, 당신의 제스처나 말하는 방식까지 따라 한다면 의심해보라. 특히 중요한 발표나 기획안 논의에서 이런 행동이 나타난다면, 상대방이 당신의 신뢰를 얻어 **정보를 빼내거나 공로를 가로채려는 의도일 수 있다.** 이럴 때는 "구체적으로 어떤 부분이 좋다고 생각하시나요? 더 자세히 설명해주시면 도움이 될 것 같아요"라고 물어보라. 진짜 관심이 있다면 구체적인 피드백을 줄 수 있을 것이고, 단순한 동조였다면 당황하거나 모호한 답변을 할 것이다.

상사가 당신의 업무 방식을 과도하게 칭찬하며 따라 하려 할 때도 주의해야 한다. "정말 당신 방식이 효율적이네요. 저도 따라 해보려고요"라고 말하면서 세세한 부분까지 물어본다면, **당신의 노하우를 흡수해서 다른 용도로 사용하려는 의도일 수 있다.** 이 경우에는 "다양한 방식이 있을 텐데, 상사님만의 접근법도 있으실 거예요. 그것도 배우고 싶습니다"라고 말하며 상호적 관계를 제안하라. 그리고 핵심 노하우는 단계적으로 공유하되, 모든 것을 한 번에 공개하지는 말라.

영업 또는 상담

영업사원이나 상담사들은 미러링을 직업적으로 훈련받은 경우가 많다. 그들의 미러링은 매우 정교하고 자연스럽기 때문에, 일반적인 탐지 방법으로는 알아차리기 어려울 수 있다. 하지만 그들에게는 목표가 있기 때문에, 특정 패턴을 보인다.

보험 설계사가 당신의 우려사항을 그대로 반복하며 "정말 그런 걱정이 있으시겠어요"라고 말한 후, "그래서 이 상품이 필요한 거예요"로 연결한다면, 이는 전형적인 영업용 미러링이다. 이들은 고객의 감정에 동조한 후 자신의 상품으로 해결책을 제시하는 패턴을 사용한다. 이럴 때는 "그럼 그런 위험을 어떻게 관리할 수 있나요? 이 상품 말고 다른 방법들도 있을 텐데요"라고 물어보며 대안을 요구하라. **진짜 전문가라면 다양한 해결책을 제시할 수 있을 것**이고, 단순한 영업사원이라면 자신의 상품만 고집할 것이다.

부동산 중개업자가 "저도 이런 집에서 살고 싶어요"라며 과도하게 동조할 때는, "전문가 입장에서는 어떤 단점들이 있을까요? 솔직한 의견을 듣고 싶어요"라고 물어보라. 신뢰할 만한 중개업자라면 장점과 단점을 균형있게 설명할 것이다.

자동차 딜러가 당신의 자세와 말투를 따라 하며 친밀감을 형성하려 할 때는, 갑자기 다른 차종에 대해 물어보거나 경쟁업체 제품에 대한 의견을 물어보라. 그들의 반응을 통해 진짜 조언인지 판매 목적인지 구분할 수 있다.

온라인, SNS

SNS나 온라인 데이팅에서도 미러링은 빈번하게 일어난다. 상대방이 당신의 게시물 스타일을 따라 하거나, 댓글 패턴을 모방하거나, 관심사를 똑같이 포스팅하기 시작한다면 주의해 보라. 특히 짧은 시간에 당신과 놀랍도록 비슷한 취향을 보이는 사람이라면 더욱 의심해야 하고, 오프라인 만남을 갖게 되었다면 더 주의해야만 한다.

온라인에서는 프로필 정보를 통해 미리 미러링을 준비할 수 있기 때문에, 오프라인보다도 더 정교한 조종이 가능하다. 상대방이 당신의 과거 게시물들을 참고해서 선호도를 파악한 후, 그에 맞는 페르소나를 연출할 수 있다.

이를 방지하려면 온라인에서 만난 사람과 실제로 만날 때, 프로필에 없던 새로운 주제들을 이야기해보라. 당신의 즉석 반응이나 예상치 못한 취향에 대해 어떻게 반응하는지 관찰하라. 진짜 관심이 있는 사람이라면 새로운 면을 알게 되는 것을 즐거워할 것이고, 미러링이 목적이었다면 당황하거나 어색해할 것이다.

미러링 방어의 함정과 한계

미러링 방어에는 분명한 한계와 함정이 존재한다. 가장 큰 위험은 과도한 의심으로 인해 진짜 좋은 관계까지 망가뜨리는 것이다. 모든 유사성을 조종으로 해석하거나, 자연스러운 동조까지 의도적 미러링으로 오해한다면, 건강한 인간관계 형성이 불가능해진다. 진짜 친밀감과 의도적 미러링을 구분하는 것은 생각보다 어렵다. 특히 상대방이 무의식적으로 미러링을 사용하는 경우에는 더욱 그렇다. 타고난 사교성이 뛰어난 사람들은 의도하지 않아도 자연스럽게 상대방에게 맞춰가는 경향이 있다. 이들을 조종자로 오해한다면 불필요한 갈등이 생길 수 있다.

또 다른 함정은 역미러링이나 차별화 유도가 과도해져서 오히려 당신이 조종자가 되는 것이다. 상대방의 미러링을 막으려다가 자신이 관계를 과도하게 통제하려 한다면, 그것 역시 건강한 관계가 아니다. 방어가 공격이 되어서는 안 된다.

모든 미러링이 악의적인 것은 아니라는 점도 기억해야 한다. 때로는 상대방이 당신을 좋아해서, 당신과 비슷해지고 싶어서 무의식적으로 따라 하는 경우도 있다. 이런 순수한 동경까지 거부한다면, 상대방에게 상처를 줄 수 있다. 특히 연인 관계에서는 더욱 주의해야 한다. 과도한 미러링 탐지나 차별화 요구는 상대방에게 거부감을 줄 수 있다. "왜 나를 의심하는 거야?", "자연스럽게 비슷해지는 게 나쁜 건가?"라는 반응을 보일 수 있다. 이런 상황에서는 당신이 관계를 망치는 사람이 될 수 있다.

마지막으로, 미러링 방어에 너무 집중하다 보면 진짜 중요한 것들을 놓칠 수 있다. 상대방의 행동 패턴 분석에만 몰두하다가 정작 그 사람의 진정성이나 인격은 보지 못하는 것이다. 기법에 매몰되어 인간적 관계의 본질을 잃어서는 안 된다.

미러링 방어에 성공하는 사람의 말버릇

◆ **구체 피드백을 요구한다**
  → "어떤 부분이 좋다는 뜻인지 구체적으로 말씀해 주세요"

◆ **질문으로 차이를 끌어낸다**
  → "당신만의 의견은 무엇인가요?"
  → "다른 관점/방법은 어떤 게 있을까요?"

◆ **대안을 요구해 의존적 동조를 끊는다**
  → "이 선택 말고 다른 옵션은 무엇이 있죠?"
  → "장점뿐 아니라 단점도 듣고 싶습니다"

◆ **역미러링으로 '알아챘다'는 신호를 준다**
  → "네, 맞습니다."(상대의 표현을 의도적으로 그대로 반복)

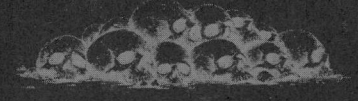

미러링 방어 체크리스트

■ 자세·말속도·제스처를 단계적으로 바꿔 반응 관찰하기

■ 상대의 특정 말·동작을 의도적으로 따라 해 미러링을 인지했다는 신호 전달하기

■ 서로의 차이를 존중하며 이끌어내려는 태도 유지하기

스스로를 평가하는 기준을 만들어라

극찬과 비난의 롤러코스터

부장실에서 나오는 김 대리의 얼굴은 밝았다. "자네는 우리 팀의 핵심이야. 자네가 없으면 이 회사가 돌아가지 않아." 부장의 이 말에 김 대리는 어깨가 으쓱해졌다. 집에 가는 길에도 발걸음이 가벼웠다. 하지만 일주일 후, 같은 부장실에서 나온 그의 표정은 처참했다. "요즘 성과가 영 시원찮네. 다른 사람들을 알아봐야겠어." 똑같은 부장, 똑같은 사무실, 하지만 완전히 다른 평가. 김 대리는 혼란스러웠다. '내가 일주일 만에 이렇게 달라진 건가?'

이것이 바로 다크 심리학에서 사용하는 '한껏 높여준 뒤 비하하는' 전략의 무서운 실체다. 한 사람을 천사에서 악마로, 영웅에서 쓰레기로 오가게 만드는 심리적 조종의 완성형이다. 더 무서운 것은 이 과정이 표적에게는 자신의 문제로 느껴진다는 점이다. '내가 정말 변했나?', '내가 뭘 잘못했나?'라는 자책으로 이어진다.

다크 심리학에서 이 '이상화와 가치 절하' 기법은 조종자가 상대방을 심리적으로 통제하기 위해 사용하는 고도의 감정 조작, 관계 조작 기법이다. 첫 번째 단계인 이상화에서는 상대방을 신격화에 가깝게 치켜세운다. "당신 같은 사람은 처음이야", "당신이 없으면 안 돼", "당신은 완벽해"와 같이 상대를 한껏 치켜올려준다. 이 단계에서 표적은 강력한 심리적 중독 상태에 빠진다. 이는 마치 도박 기계가 언제 잭팟을 터뜨릴지 모르는 간헐적 보상 intermittent reinforcement 으로 사람을 중독시키는 원리와 똑같다.

과한 칭찬 뒤에는 시커먼 의도가 숨어 있다.

두 번째 단계인 가치 절하에서는 갑작스럽게 평가를 뒤바꾼다. "요즘 예전 같지 않네", "실망이야", "다른 사람들은 다 하는데 당신만 못 해"라며 바닥으로 떨어뜨린다. 이때 표적은 다시 그 '특별함'을 되찾기 위해 더욱 필사적으로 매달리게 된다. 피해자는 논리적 근거보다 감정적 기억에 묶이기 때문에, 자신이 잘못해서 그런 것이라 착각한다. 안정적인 인정보다 가끔 주어지는 극단적 칭찬과 갑작스러운 비난이 훨씬 더 뇌를 강하게 자극한다. 이것이 바로 다크 심리학 조종자가 노리는 지점이다.

여기서 주의해야 할 점은, 모든 조종자가 의도적으로 이 기법을 쓰는 것은 아니라는 것이다. 어떤 사람은 이것을 '솔직한 피드백'이라고 착각하기도 한다. 하지만 효과는 동일하다. 상대를 혼란스럽게 만들고, 조종자에게 더욱 의존하게 만드는 것이다. 따라서 중요한 것은 극찬과 비난을 동시에 사용하는 피드백은 의도적 조종의 가능성이 높다는 사실을 알아차리는 것이다. 진짜 평가는 일관성과 구체성을 가진다. 누군가가 당신을 천국과 지옥 사이에서 오가게 만든다면, 그것은 단순한 솔직함이 아니라 다크 심리학적 조종의 신호일 수 있다.

원칙 1 평가 패턴을 기록하라

상대가 이상화와 가치 절하 기법으로 나를 조종하고 있는지 확인하고 싶다면, 반드시 상대방의 평가 패턴을 체계적으로 기록해야 한다. 감정적으로 휘둘릴 때는 객관적 판단이 어렵지만, 기록을 통해 패턴을 시각화하면 조종의 실체가 뚜렷하게 드러난다. 감정적으로 휘둘릴 때는 객관적으로 판단하기 어렵지만, 기록하여 패턴을 직접 눈으로 보게 되면 상대의 의도와 조종의 실체를 뚜렷이 알고 대응할 수 있게 된다.

구체적인 실행 방법은 간단하다. 스마트폰 메모장이나 노트에 날짜, 상황, 상대방의 구체적 발언, 그리고 그때의 감정 상태를 기록하라.

"3월 5일, 회의 후: '자네는 정말 핵심 인재야' → 기분 좋음"
"3월 8일, 프로젝트 검토: '요즘 집중력이 떨어졌네' → 혼란스러움"
"3월 12일, 점심 식사: '역시 자네밖에 없어' → 다시 기분 좋음"

이처럼 몇 주만 기록을 이어가면 패턴이 보인다. 상대의 평가가 당신의 실제 성과와는 무관하게 널뛰듯 오락가락한다는 사실을 객관적으로 확인할 수 있다. 정상적인 피드백이라면 일관성과 구체적 근거가 있어야 한다. 근거 없이 '최고야'에서 '형편없어'로 순식간에 바뀐다면, 그것은 심리적 통제 수단일 가능성이 크다. 극단적 패턴이 반복된다면, 그것은 당신의 실제 변화 때문이 아니라 상대방이 의도적으로 조종하고 있다는 강력한 신호다.

나의 감정이 아니라 상대의 행동을 기록해야 한다.

중요한 점은 기록이 감정적 분노를 쏟아내는 도구가 아니라, 사실을 축적하는 객관적 장치라는 것이다. "기분이 나빴다"보다는 "상대가 정확히 어떤 말을 했는가"를 적어야 한다. "너는 형편없어"라는 막연한 비난과 "이 부분에서 개선이 필요하다"라는 구체적 지적은 완전히 다르다. 또한 평가와 실제 상황을 반드시 대조해 보라. 당신의 성과나 행동이 크게 달라지지 않았는데도 평가가 극과 극으로 오간다면, 그것은 우연이 아니라 심리적 흔들기를 노린 조작일 가능성이 높다.

이 기록은 가스라이팅 방어에도 유효하다. 조종자는 "내가 그런 말 한 적 없어"라고 쉽게 부인한다. 하지만 구체적 기록을 바탕으로 "3월 5일 오후 2시에 이렇게 말씀하셨습니다"라고 제시하면, 조종의 부정을 무력화시킬 수 있다.

기록은 단순한 메모가 아니라 다크 심리학적 흔들기 전략을 눈에 보이게 만드는 도구다. 패턴을 인식하는 순간, 당신은 더 이상 상대의 말에 매달리는 피해자가 아니라 상황을 분석하고 통제할 수 있는 주체가 된다.

원칙2 발화의 의도를 파악하라

이상화와 가치 절하의 공격을 받을 때 가장 중요한 것은 즉시 감정적으로 반응하지 않는 것이다. 다크 심리학의 조종자는 바로 이 순간을 노린다. 당신이 칭찬에 도취되거나 비난에 절망하는 그 찰나, 그들의 전략은 성공한다. 따라서 첫 번째 방어막은 '즉각 반응을 차단하는 것'이다.

감정적 거리두기의 핵심은 관찰자의 시점을 유지하는 것이다. 상대방이 "넌 천재야" 혹은 "넌 형편없어"라고 말했을 때, "내가 정말 그런가?"라고 자책하는 대신 "왜 이 사람이 지금 이런 말을 하는가?"라고 질문해야 한다. 즉, 평가의 진실성보다 발화의 의도를 분석하는 것이다. 다크 심리학의 언어는 언제나 정보를 주려는 것이 아니라 통제하려는 목적을 가진다.

생각없이 즉각 반응하면 진다.

구체적 방법은 간단하다. 극단적 평가를 들었을 때 즉각 반응하지 말고 "흥미로운 말씀인데, 곰곰이 생각해 보겠습니다" 처럼 시간을 벌어라. 감정이 치고 올라오는 순간을 끊어, 상대방의 전략을 객관적으로 바라볼 수 있는 여유가 생긴다.

연인이 과도한 찬사를 했을 때, 곧바로 도취되지 말고 "고마워. 하지만 누구나 장단점이 있지"라고 균형을 유지하자. 직장에서 상사가 "요즘 형편없어"라고 몰아붙였을 때는 "구체적으로 어떤 점을 개선하면 될까요?"라고 대응하면 된다. 핵심은 평가 자체보다 상대가 왜 지금 이런 극단적 말을 꺼냈는지를 파악하는 태도다.

전체 패턴 속에서 상대의 대화를 인식하는 것도 중요하다. 칭찬과 비난이 널뛰듯 오간다면, 그것은 우발적 감정이 아니라 전형적인 이상화와 가치절하 전략이다. 이렇게 인식하는 순간, 개별 발언의 힘은 약해지고 전체 전략이 눈에 보이기 시작한다.

  마지막으로 중요한 점은, 관계를 무조건 끊으라는 것이 아니라 건강한 경계선을 세우라는 것이다. "당신의 평가에 감사하지만, 저는 제 기준으로 저를 판단합니다"라는 태도는 상대방의 의도를 무력화하면서도 불필요한 공격성을 피할 수 있다.

원칙3 자신만의 평가 체계를 만들어라

이상화와 가치 절하의 함정에서 벗어나는 핵심은 자신만의 견고한 평가 체계를 구축하는 것이다. 상대방의 극단적 평가에 휘둘리지 않으려면, 객관적이고 일관된 자기 평가 기준이 필요하다. 단순히 정신력의 문제가 아니라 시스템의 문제다. 자기 평가 체계 구축의 첫 번째 단계는 구체적이고 측정 가능한 기준을 설정하는 것이다. 구체적인 실행 방법은 다음과 같다. 먼저 자신이 중요하게 생각하는 가치와 원칙들을 10가지 정도 적어보라. 성실, 친절, 창의성, 책임감 같은 추상적 가치들을 구체적 행동으로 변환하라. 성실이라면 "정해진 시간에

출근한다", "맡은 일을 끝까지 완료한다", "약속 시간을 지킨다"로 구체화할 수 있다.

두 번째 단계는 자신의 행동과 성과를 정기적으로 기록하고 점검하는 것이다. 업무일지, 운동 기록, 인간관계 점검표 등을 통해 객관적 데이터를 축적하라. 그러면 상대방이 "요즘 일을 제대로 안 해"라고 말할 때, "지난주에 프로젝트 3개를 완료했고, 마감일보다 이틀 앞당겨 제출했는데요"라고 사실로 대응할 수 있다.

자신을 돌아보는 사람은 남의 말에 무너지지 않는다.

세 번째 단계는 다각적 피드백 시스템을 구축하는 것이다. 한 사람의 평가에만 의존하지 말고, 여러 사람의 의견을 수집하고 종합하라. 상사 한 명이 "형편없어"라고 해도, 동료 5명이 "잘하고 있어"라고 말한다면 어느 쪽이 더 객관적인지 판단할 수 있다. 이러한 여러 방법으로 스스로를 평가하는 기준을 만들어 둔다면 악의를 가진 한 사람이 나를 흔들지 못하도록 방지할 수 있다.

구체적 적용 방법은 다음과 같다. 연인이 "너는 완벽해"라고 과도하게 칭찬할 때, "고마워. 하지만 나도 부족한 점이 많아. 완벽한 사람은 없잖아"라고 현실적으로 대응하라. 반대로 "너는 정말 최악이야"라고 비난할 때는, "구체적으로 어떤 부분에서 그렇게 느끼시는지 말해줘. 더 나아지고 싶어"라고 건설적 대화로 유도하라.

직장에서는 자신의 업무 성과를 정량적으로 측정할 수 있는 지표들을 설정하라. 프로젝트 완료율, 고객 만족도, 동료 협업 횟수 등을 기록하고, 이를 바탕으로 자신의 실제 성과를 평가하라. 그러면 상사의 주관적 평가에 흔들리지 않는다.

가족 관계에서도 마찬가지다. 부모가 "넌 우리 자랑이야"라고 과도하게 치켜세울 때, "감사해요. 하지만 더 노력할 부분도 있어요"라고 겸손하게 대응하라. "다른 집 아이들을 봐라"라고 비교할 때는, "저만의 장점과 속도가 있다고 생각해요"라고 자신의 기준을 유지하라.

원칙4 자기 자신과 대화하라

남의 평가에 휘둘리지 않으려면 건강한 자기 대화도 중요하다. 자기 자신과 대화를 나눠 내적 지지 시스템을 만들어두는 것이다. 대부분의 사람들은 자신에게 하는 말이 다른 사람들에게 하는 말보다 훨씬 가혹하다. 이런 부정적 자기 대화는 외부 비판에 더욱 취약하게 만든다.

자기 자신과 건강한 대화를 나누려면 자기 자신에게 친절할 줄 알아야만 한다. 소중한 친구를 대하듯 친절하고 이해심 있게 대해보자. 실수했을 때 "바보야, 왜 그랬어?"라고 자책하는 대신, "괜찮아, 실수할 수 있어. 다음에는 더 잘할 수 있을 거야"라고 격려하자.

구체적인 실행 방법은 다음과 같다. 먼저 자신의 부정적 자기 대화 패턴을 인식하라. "또 실패했어", "역시 난 안 돼", "다른 사람들보다 못해" 같은 자동적 사고들을 의식적으로 포착하라. 그 다음 이런 부정적 사고를 건설적인 사고로 전환하는 연습을 하라.

"실패했어" → "이번에는 잘 안됐지만, 배운 게 있어"

"난 안 돼" → "아직 부족하지만, 계속 성장하고 있어"

"다른 사람들보다 못해" → "각자의 속도와 방식이 다를 뿐이야"

자신과 대화하려면 균형감을 잊지 말아야 한다. 무조건적으로 자신을 옹호해서도 안 되고, 객관적이면서도 친절하게 굴 줄 알아야 한다. 잘못한 부분은 인정하되, 그것이 전체 인격을 부정하는 근거는 아니라는 관점을 유지하는 것이다.

쉽게 할 수 있는 롤러코스터 전략 방어

연인

연인 관계가 이상화와 가치 절하 전략이 가장 강력하게 나타나기 쉽다. 사랑이라는 감정이 개입되어 있기 때문에 객관적 판단이 어렵고, 친밀감이라는 이름으로 경계가 무너지기 쉽다. 처음에 만날 때 상대방이 "너 같은 사람은 처음이야", "운명적인 만남 같다"라며 과도하게 높여준다면 주의하라. 건강한 관계는 점진적으로 깊어지는 것이지, 처음부터 극단적 찬사로 시작하지 않는다. 이럴 때는 "고마워. 서로를 더 알아가는 시간이 앞으로 더 필요할 것 같네"라고 현실적으로 대응하라. 교제 중에 상대방이 "너 없이는 정말 못 살겠어"라며 과도한 의존을 보이다가, 사소한 일로 "요즘 들어 정말 이기적이야"라고 전면 부정한다면, 이것도 전형적인 이상화와 가치절하 패턴이다.

남의 평가는 하나의 관점에 불과하다.

상대방이 당신을 천사로 만들려고 할 때도 주의해야 한다. "너는 단점이 하나도 없어요"라는 말을 하면 기분은 좋지만, 이는 비현실적 기대의 시작이며 조종의 시작일지도 모른다. "나도 부족한 점이 많아. 완벽한 사람은 없잖아. 서로의 부족함도 받아들이는 관계가 되면 좋겠어"라고 말하며 현실적 기대로 조정하라.

반대로 가치 절하가 시작될 때는 즉시 경계를 설정해야 한다. "당신 때문에 내 인생이 망가졌어", "예전 당신이 아니야"라는 전면적 비난에 대해서는 "구체적으로 어떤 부분에서 그렇게 느끼는지 차근차근 이야기해줘"라며 건설적 대화로 유도하라.

직장

직장에서의 이상화와 가치 절하는 단순한 감정 문제가 아니다. 그것은 승진, 연봉, 프로젝트 배정 등과 직결되기 때문에 특히 더 세심한 대응이 필요하다. 상하관계라는 특성상 직접적으로 맞대응하기 어려운 만큼, 전략적이고 균형 잡힌 접근이 요구된다.

예를 들어 상사가 "자네는 이 회사의 미래야", "자네 없이는 이 팀이 굴러가지 않아"라며 과도한 칭찬을 퍼부을 때, 순간의 우쭐함에 기대지 말고 현실적인 태도로 받아야 한다. "과분한 말씀입니다. 팀 전체의 노력이 있었기에 가능한 일이라고 생각합니다. 앞으로 더 배우고 발전하겠습니다"라고 답하면, 개인에 대한 신격화를 피하면서도 성실한 이미지를 유지할 수 있다. 중요한 것은 극찬을 액면 그대로 받아들이는 것이 아니라, 자신의 실제 성과와 기여도를 객관적으로 확인하는 것이다. 한 사람의 극단적인 평가보다 여러 사람의 일관된 피드백이 훨씬 신뢰할 만하다.

도를 넘은 칭찬은 선을 넘는 비난만큼 무의미하다.

반대로 상사가 갑자기 "요즘 성과가 영 시원찮네", "다른 사람들을 알아봐야겠어"라고 평가를 뒤집을 때도 당황할 필요는 없다. 이럴 때는 구체적이고 객관적인 근거를 요구해야 한다. "어떤 부분에서 개선이 필요하다고 보시는지 말씀해 주시면 더 노력하겠습니다. 객관적인 평가 기준이 있다면 함께 참고하고 싶습니다"라고 말하면, 주관적인 비난을 객관적 피드백으로 전환시킬 수 있다. 이렇게 하면 감정적인 반응을 피하면서도 실질적인 개선 의지를 보여줄 수 있다.

동료 관계에서도 마찬가지다. 경쟁 상황에 있는 동료가 "당신은 정말 뛰어나요"라며 치켜세우다가 어느 순간 "요즘은 좀 자만하는 것 같아요"라며 깎아내릴 수 있다. 이는 단순한 평가가 아니라 심리적 교란을 통한 우위 확보 시도일 수 있다. 이럴 때는 "객관적으로 봐주셔서 감사해요. 저도 항상 배우려는 마음으로 일하고 있습니다"라고 차분히 대답하라. 지나치게 방어적이지도 않고, 상대의 의도를 흘려보내면서도 자신이 중심을 잡고 있음을 보여주는 것이다.

결국 직장에서의 롤러코스터 전략 방어에서는 흔들리지 않는 균형감각이 가장 중요하다. 극단적 칭찬에도 도취되지 않고, 갑작스러운 비난에도 무너지지 않으며, 언제나 객관적 기준과 냉정한 태도로 자신을 바라보는 것이다. 그렇게 할 때 조종자의 심리적 압박은 힘을 잃고, 오히려 당신의 전문성과 신뢰가 강화된다.

가족

가족 관계에서의 이상화와 가치 절하는 가장 은밀하면서도 지속적으로 나타난다. 혈연이라는 끈끈한 유대감 때문에 거리두기가 어렵고, 가족이라는 명분으로 정당화되기 쉽다. 부모가 "넌 우리 자랑이야"라고 치켜세우다가 "다른 집 아이들 좀 봐라"라고 비교할 때, 이는 조건부 사랑의 전형이다. 성과가 좋을 때만 사랑받고, 기대에 못 미치면 비교당하는 관계는 건강하지 않다. "부모님이 저를 사랑해주시는 건 감사하지만, 저도 제 나름의 속도와 방식이 있어요"라고 자신의 기준을 지켜라. 중요한 것은 가족이라는 이유로 모든 평가를 수용해야 한다는 생각에서 벗어나는 것이다.

친구와 지인

친구나 지인 관계에서도 이상화와 가치 절하가 나타날 수 있다. 특히 새로운 환경에 들어갔을 때, 기존 구성원들이 신입자를 대하는 방식에서 자주 관찰된다. 처음에는 "우리 그룹에 딱 맞는 사람이네요", "정말 멋진 분이에요"라며 환영

하다가, "처음엔 잘했는데", "요즘 변했어"라며 평가를 바꾸는 경우가 있다. 이는 집단 내 위계 설정이나 순응 압력의 일환일 수 있다. 이럴 때는 "여러분의 평가에 감사하지만, 저는 제 나름의 속도로 적응해가고 있어요"라며 독립성을 유지하라. 집단의 극단적 평가에 흔들리지 말고, 자신의 기준과 가치를 지켜라.

롤러코스터 전략 방어의 함정과 한계

이상화와 가치 절하 전략을 방어할 때 몇 가지 함정에 빠지고는 한다. 가장 큰 위험은 모든 칭찬과 비판을 조종으로 해석하게 되는 극도의 의심증이다. 진짜 격려와 건설적 비판까지 거부한다면, 건강한 성장과 관계 발전이 불가능하다.

진짜 칭찬과 조종적 이상화를 구분하는 것은 쉽지 않다. 진짜 칭찬은 구체적이고 현실적이며 일관성이 있다. "이번 프레젠테이션에서 데이터 분석 부분이 정말 좋았어요"는 구체적 칭찬이지만, "당신은 완벽해요"는 비현실적 이상화다. 조종적 이상화는 과도하고 근거가 모호하며 갑작스럽게 바뀐다.

또 다른 함정은 방어가 과도해져서 오히려 당신이 냉정하고 거리감 있는 사람이 되는 것이다. 모든 피드백에 "구체적 근거를 제시해주세요"라고 요구하거나, 칭찬을 받을 때마다 "저는 완벽하지 않아요"라고 거부한다면, 상대방은 당신과의 소통을 포기할 수 있다.

특히 연인 관계에서는 더욱 주의해야 한다. 지나친 방어적 태도는 "나를 믿지 않는다", "사랑하지 않는다"라는 오해를 불러일으킬 수 있다. 건강한 경계 설정과 불신 사이의 균형을 찾는 것이 중요하다.

상황적 판단력도 필요하다. 상대방이 스트레스를 받거나 어려운 상황에 있을 때의 일시적 극단적 반응과, 지속적이고 의도적인 조종을 구분해야 한다. 전자는 이해와 배려가 필요하고, 후자는 단호한 방어가 필요하다.

롤러코스터 전략 방어에 성공하는 사람의 말버릇

◆ **일관성과 근거를 요구한다**
  → "구체적으로 어떤 기준에서 그런 평가가 나온 건가요?"
  → "예전 피드백과 달라진 근거를 알려 주세요"

◆ **즉답을 미루고 감정 거리를 둔다**
  → "흥미로운 말씀이라서, 확인 후에 답 드리겠습니다"
  → "곰곰이 검토해 보고 이야기하죠"

◆ **자기 기준을 분명히 한다**
  → "칭찬은 감사하지만, 저는 제 기준으로 성과를 점검합니다"
  → "비판은 수용하되, 객관적 지표로 확인하겠습니다"

◆ **기록과 사실로 대응한다**
  → "지난주에 프로젝트 3건을 마감 이틀 전 제출했습니다. 그 점을 함께 봐 주시면 좋겠습니다"

◆ **극단적 언어를 균형 언어로 바꾼다**
  → "구체적 개선 지점을 알려 주시면 고쳐 보겠습니다"

롤러코스터 전략 방어 체크리스트

■ 날짜·상황·발언·내 감정을 기록해 패턴 확인하기

■ 시간 준수, 완료율, 협업 횟수 등 구체 지표로 정기 점검하기

■ 한 사람 말에 의존하지 말고 교차평가를 받기

■ 과한 칭찬이나 급작스런 비난엔 시간을 번 뒤 사실 확인하기

■ 평가 기준, 목표, 측정 방법과 기간을 명시적으로 요청하기

헛된 약속을 구별하라

장밋빛 약속의 중독성

회사 복도에서 신입사원들의 대화가 들렸다.

"이사님이 3개월 후에 승진시켜준다고 하셨어."

"정말? 나도 팀장님이 곧 인센티브 준다고 했는데."

"우리 진짜 운이 좋은 것 같아"

1년 후, 그들 중 누구도 승진하지 못했고, 인센티브는 받지 못했다. 하지만 그들은 여전히 다음 약속을 기다리고 있었다. 그리고 그들은 이렇게 생각한다. "이번엔 정말 다를 거야." 이것이 바로 미래 약속 조작의 무서운 현실이다.

다크 심리학에서 이 기법은 자주 활용된다. 실현 가능성이 낮거나 아예 실현할 의도가 없는 미래를 제시해 현재의 불만과 의심을 덮어버리는 것이다. "언젠가는", "곧", "머지않아"라는 모호한 시간표현은 사람들의 뇌에서 희망과 보상 회로를 자극한다. 뇌는 보상이 확정되지 않아도 '곧 올 것이다'라는 기대감만으로 도파민을 분비한다. 그 순간 피해자는 현실의 불이익보다 '미래의 가능성'에 더 집착하게 된다.

문제는 이 희망이 변질된다는 데 있다. 원래 희망은 인간을 버티게 하는 힘이다. **그러나 희망이 남의 손에 들어가면 지속적 착취의 도구로 변한다.** 피해자는 "지금 힘들어도 곧 좋아질 거야"라는 믿음을 붙잡으며 현재의 불평등을 받아들인다. 결국 약속은 현실을 가리는 장막이 된다. 더 무서운 점은 피해자가 스스로를 설득한다는 것이다. "이번엔 진짜 다를 거야", "지금까지 버텨왔으니 조금만 더 기다리면 돼"라는 자기합리화가 반복된다. 끝없는 희망 고문이다.

진짜 약속이라면 계획이 뒤따라야 한다.

연인 관계에서 "곧 결혼하자", "함께 집 사자", "아이 낳으면 달라질 거야"라고 말하면서 실제로는 아무런 준비도 하지 않는 경우가 대표적이다. 비슷한 방식은 가족 관계에서도 반복된다. "큰 다음에는 용돈 더 줄게", "성적 올리면 좋은 거 사줄게", "대학 가면 자유롭게 해줄게"라는 약속들이 자주 등장하지만 실제로는 지켜지지 않는다.

이런 패턴은 직장에서도 볼 수 있다. "자네 곧 승진이야", "다음 분기에는 보너스가 나올 거야", "새 프로젝트에서 중요한 역할을 맡겨줄게"라고 말하지만 구체적인 계획은 없는 경우다. 범위를 더 넓혀 정치 영역으로 가보면, 상황은 더욱 노골적이다. "경제가 살아난다", "일자리가 늘어난다", "복지가 확대된다"라는 공약들이 선거 때마다 반복되지만 실현 비율은 극히 낮다. 그 사실을 알면서도 사람들은 매번 '이번에는 다르겠지' 하는 마음으로 투표소에 간다.

이러한 기법은 소비 시장에서도 빠지지 않는다. 온라인 쇼핑몰이나 투자 상품에서 "곧 할인 이벤트가 있을 예정", "다음 달에 더 좋은 상품 출시", "초기 투자자에게는 특별 혜택"과 같은 식으로 사용되며 사람들의 기대를 붙잡아둔다.

원칙1 약속의 신뢰성을 확인하라

진짜 약속과 희망 고문을 구분하려면 상대방의 약속 이행률을 객관적으로 추적하면 된다. 대부분의 사람들은 최근의 약속만 기억하고, 과거에 지켜지지 않은 약속들은 잊어버린다. 하지만 체계적으로 기록하고 분석하면 명확한 패턴이 드러난다.

구체적인 실행 방법은 다음과 같다. 스마트폰 메모장이나 노트에 다크 심리학 사용자로 의심되는 사람의 약속 추적표를 만들어라. 날짜, 약속 내용, 이행 예정일, 실제 이행 여부, 이행하지 않았을 때의 변명을 기록하라.

"3월 5일: '다음 주에 승진 이야기 해보겠다' - 예정일 3월 12일 - 미이행 - 변명: '상황이 복잡해서 조금 더 기다려'"

3개월 정도 계속 기록하면 패턴이 보인다. 진짜 약속을 하는 사람과 가짜 약속을 하는 사람의 이행률은 극명하게 다르다. 신뢰할 만한 사람은 보통 80% 이상의 이행률을 보이지만, 조종자들은 30% 이하의 이행률을 보인다.

변명 패턴도 잘 살펴야 한다. 진짜 약속을 하는 사람이 약속을 지키지 못할 때는 구체적이고 합리적인 이유를 제시하며, 대안을 제시한다. "예상보다 일이 복잡해져서 이번 주는 어려울 것 같아요. 대신 다음 주 화요일은 어떨까요?"

반면 조종자들의 변명은 모호하고 추상적이다. "상황이 복잡해서", "때가 아직 안 됐어", "조금만 더 기다려봐"와 같은 말로 구체적인 설명을 회피한다. 그리고 새로운 약속 날짜를 제시하지 않거나, 또 다른 모호한 시점을 제시한다. 나중에 해주겠다는 약속들을 체계적으로 기록해보라.

이 방법의 핵심은 감정이 아닌 데이터로 판단하는 것이다. "이 사람이 나를 사랑하니까", "상황이 어려우니까"라는 감정적 해석 대신, 객관적 수치로 신뢰도를 평가하는 것이다. 감정을 잠시 밀어 두고 수치로 바라보면 진정한 관계가 보인다. 또한 약속의 구체성도 함께 평가하라. "곧 해줄게"와 "다음 주 금요일까지 해줄게"는 완전히 다르다. 구체적인 약속일수록 이행 가능성이 높고, 모호한 약속일수록 희망 고문일 가능성이 높다.

원칙2 즉시 할 수 있는 것은 요구해보라

약속의 진정성을 가장 빠르게 확인하고 싶다면 즉시 할 수 있는 것을 하도록 요구해보면 된다. 진짜 약속이라면 당장 할 수 있는 준비 단계가 있을 것이고, 가짜 약속이고 희망 고문 전략이라면 모든 것을 미래로 미룰 것이다. 다크 심리학에서 조종자는 주로 '시간'을 무기 삼아 희망을 연장시키고 현재의 불만을 억누른다. 따라서 즉시 실행 여부를 요구하는 것은 상대가 진짜 의도가 있는지, 아니면 단순히 시간을 벌려는 것인지를 드러내는 강력한 시험대가 된다.

예를 들어, 연인이 결혼하자고 말한다면, "그럼 이번 주말에 예식장이나 보러 갈까?"라고 제안해보라. 진짜 결혼 의사가 있다면 기꺼이 동의할 것이고, 단순한 말뿐이었다면 "아직 그 정도는 아니야", "너무 성급한 것 같아"라며 회피할 것이다.

작은 실천이 따르지 않는 커다란 약속은 거짓이다.

직장에서 상사가 "승진시켜줄 거야"라고 말한다면, "언제쯤 인사 담당자와 이야기해보실 수 있을까요?"라고 구체적 일정을 물어보라. 진짜 승진 계획이 있다면 대략적인 일정이라도 제시할 수 있을 것이다. 투자나 사업 제안을 받을 때도 마찬가지다. "대박 날 거야"라는 말 대신 "사업계획서를 먼저 보여주세요", "계약서 초안을 작성해보죠"라고 구체적 문서를 요구하라.

  이 방법의 핵심은 점진적 실행이다. 한 번에 모든 것을 요구하는 것이 아니라, 작은 단계부터 시작해서 상대방의 진정성을 확인하는 것이다. 진짜 약속이라면 작은 단계라도 기꺼이 실행할 것이고, 가짜 약속이라면 작은 단계조차 회피할 것이다. 즉시 실행을 요구하는 순간, 상대방의 '말뿐인 약속'과 '실제 계획'이 갈라지기 때문이다. 가족 관계에서도 적용할 수 있다. 부모가 "성적 올리면 용돈 올려줄게"라고 말한다면, "그럼 얼마나 올릴 건지, 언제부터 적용할 건지 미리 정해놓으면 좋겠어요"라고 구체적 조건을 확정하라.

  즉시 할 수 있는 요구는 단순히 편하자고 하는 것이 아니라, 상대의 태도를 확인해보는 일종의 시험이다. 사소한 행동일수록 진심과 형식의 차이가 뚜렷하게 나타난다. 누군가는 기꺼이 손을 내밀지만, 누군가는 억지 미소와 함께 부담스러워한다. '준비된 친절'과 '억지 친절'은 말로는 구분하기 어렵지만, 행동에서는 즉각 드러난다.

예를 들어 직장에서 "이 서류만 잠깐 확인해 줄래?"라는 부탁에 동료가 바로 응하면 협력적 성향이 보이지만, 늘 "나중에 보자"라며 미루는 사람은 형식적인 태도를 드러낸다. 친구에게 "펜 좀 빌려줄래?"라고 했을 때, 사소한 부탁마저 망설이는 모습은 관계의 깊이를 가늠하는 신호가 된다. 연애 관계에서도 "오늘 집에 가는 길에 잠깐 들러줄래?"라는 요청에 상대가 주저 없이 움직인다면, 그 즉각성은 말보다 큰 의미를 가진다.

다만 이 전략은 양날의 검이다. 다크 심리학은 오히려 이런 기법을 역으로 활용해 사람을 길들이기도 한다. 처음에는 사소한 요구를 반복하다가, 점차 더 큰 요구로 확대하는 것이다. 따라서 즉각적 반응이 있다고 해서 곧바로 무한한 헌신을 의미한다고 착각해서는 안 된다. 이 방법은 상대를 시험하는 잣대가 아니라, 관계 속에서 진심과 형식을 가늠하는 작은 단서일 뿐이다. 다만 상대가 진심으로 돕고자 하는지, 아니면 단순히 형식적으로만 반응하는지를 가늠해볼 수 있다.

중요한 것은 이런 요구를 공격적이지 않게 하는 것이다. "정말 고마워. 그런데 구체적으로 어떻게 진행해볼까?"라는 식으로 협력적 톤을 유지하면서도 실행력을 확인하는 것이다. 이렇게 하면 상대방이 약속을 장밋빛 희망으로만 포장하는지, 아니면 실제 행동으로 옮길 준비가 되어 있는지를 명확히 구분할 수 있다.

원칙3 지금을 기준으로 판단하라

미래 약속에 현혹되지 않는 가장 근본적인 방법은 현재의 가치를 기준으로 모든 결정을 내리는 것이다. 미래의 불확실한 보상보다는 현재의 확실한 상황을 우선시하는 사고방식이다. 현재를 기준으로 판단하려면 먼저 현재 상황을 객관적으로 평가해야만 한다. **미래에 대한 약속을 완전히 배제하고, 현재 상황만으로 이 관계나 상황이 만족스러운지 평가해보라.** 연인 관계에서 '결혼 약속'을 빼고 현재의 관계만 봤을 때 행복한가? 직장에서 '승진 약속'을 빼고 현재 업무와 대우만 봤을 때 만족스러운가?

두 번째로는 기회비용을 계산해봐야 한다. 미래 약속을 기다리는 동안 놓치고 있는 다른 기회들을 구체적으로 계산해보라. 결혼 약속을 기다리며 다른 좋은 사람을 만날 기회를 놓치고 있는 것은 아닌가? 승진 약속을 기다리며 다른 회사의 더 좋은 제안을 거절하고 있는 것은 아닌가?

미래에 진심인 사람은 지금을 외면하지 않는다.

세 번째로는 확실한 것을 우선해야 한다. 불확실한 미래의 큰 보상보다는 확실한 현재의 작은 보상을 선택하는 것이다. 이것은 보수적 접근이 아니라 현실적 접근이다. 손에 잡히는 것이 눈에 보이는 것보다 낫다.

구체적 적용 방법은 다음과 같다. 중요한 결정을 내려야 할 때, "미래에 대한 약속이 없다면 어떤 선택을 할 것인가?"라고 자문해보라. 그 답이 당신의 진짜 선택이어야 한다. 연인이 결혼하자고 말할 때, "결혼 약속 없이도 현재 관계가 행복한가?"를 먼저 판단하라. 직장에서 승진 약속을 받을 때, "승진 없이도 현재 업무가 만족스러운가?"를 평가하라.

또한 확실한 대안을 항상 준비해두어야 한다. 미래 약속에만 의존하지 말고, 다른 선택지들을 지속적으로 탐색하고 준비하는 것이다. 이렇게 하면 미래 약속이 지켜지지 않았을 때의 충격과 손실을 최소화할 수 있다.

쉽게 할 수 있는 희망 고문 전략 방어

희망 고문 전략은 관계의 특성과 권력 구조에 따라 다른 형태로 나타나며, 각각에 맞는 세밀한 대응 전략이 필요하다. 일률적인 의심과 거부로는 건전한 미래 계획까지 차단할 위험이 있다.

연인

연인 관계에서 미래 약속 조작은 가장 감정적이면서도 파괴적으로 나타난다. 결혼, 동거, 아이, 가족 등 인생의 중요한 결정들과 연결되어 있어 피해의 규모가 크다. 특히 여성의 경우 생물학적 시계와 맞물려 더 큰 압박을 받는다.

연인이 결혼하자고 반복해서 말하지만 구체적 행동이 없다면, 단계적 검증을 시작하라. "결혼 이야기를 자주 하는데, 구체적으로 언제쯤 생각하고 있어?"라고 직접적으로 물어보라. 진짜 결혼 의사가 있다면 대략적인 시기라도 제시할 수 있을 것이다.

    다음 단계로는 그 약속을 지키는 데에 필요한 준비 행동을 제안하고, 상대가 수락하는지 확인해야만 한다. "그럼 이번 달에 예식장이나 한 곳 정도 보러 갈까?", "양가 부모님께 인사라도 먼저 드릴까?"와 같이 당장 할 수 있는 작은 단계를 제안해보라. 진짜 결혼 계획이 있다면 이런 제안에 긍정적으로 반응할 것이다. 만약 상대방이 "아직 그정도는…", "너무 성급한 것 같아", "조금 더 시간을…"과 같은 반응을 보인다면, 그 결혼 약속은 당신을 붙잡아두기 위한 도구일 가능성이 높다. 이럴 때는 "그럼 정확히 언제쯤 그런 준비를 시작할 수 있을까?라고 구체적 일정을 재확인하라.

    동거 약속도 마찬가지다. 함께 살자고 말하면서 실제로는 집을 알아보지도 않고, 경제적 계획도 세우지 않는다면 그것은 말뿐인 약속이다. "그럼 이번 주말에 부동산 앱이라도 같이 봐볼까?"라고 제안해보라. **중요한 것은 상대방을 시험하려는 것이 아니라, 진짜 미래를 함께 만들어가고 싶다는 진정성을 확인하는 것이다.** "우리가 정말 같은 미래를 원하는지 확인하고 싶어"라는 메시지를 전달하는 것이 중요하다.

직장

직장에서의 미래 약속 조작은 경제적 생존과 직결되어 있어 더욱 신중한 접근이 필요하다. 상사의 말을 무조건 의심할 수도 없고, 그렇다고 맹신할 수도 없는 딜레마가 있다.

상사가 "자네 곧 승진이야"라고 말한다면, 정중하면서도 구체적인 확인을 요구하라. "정말 감사합니다. 언제쯤 인사위원회에서 논의가 될 예정인가요?"라고 물어보라. 진짜 승진 계획이 있다면 대략적인 절차와 일정을 알고 있을 것이다. "다음 분기에 보너스가 나올 거야"라는 약속을 들었다면, "보너스 기준이나 평가 방식에 대해 미리 알 수 있을까요?"라고 문의하라. 구체적 기준이 있다면 설명할 수 있을 것이고, 없다면 모호하게 넘어갈 것이다.

동료들과의 정보 공유도 중요하다. 비슷한 약속을 받은 동료가 있는지, 과거에 그런 약속이 지켜진 사례가 있는지 확인해보라. 패턴을 파악하면 그 약속의 신뢰도를 더 정확하게 평가할 수 있다. 하지만 무엇보다 **상대의 약속에만 의존하지 말아야 한다.** 승진 약속이 있어도 다른 기회들을 계속 탐색하고, 자신의 시장 가치를 지속적으로 높여나가는 것이 필요하다.

가족

가족 관계에서의 희망 고문은 불분명하면서도 장기간 지속된다. "공부 잘하면 좋은 거 사줄게", "대학 가면 그때부터 자유롭게 알아서 해", "취업하면 도와줄게"와 같은 조건부 약속들이다. 부모가 "성적 올리면 용돈 올려줄게"라고 말한다면, "얼마나 올려주실 건지, 언제부터 적용할 건지 미리 정해놓으면 좋겠어요"라고 구체적 조건을 확정하라. 진짜 약속이라면 구체적 기준을 제시할 수 있을 것이다.

"대학 가면 자유롭게 해줄게"라는 약속을 들었다면, "구체적으로 어떤 부분에서 자유로워질 수 있는 건지 알 수 있을까요?"라고 물어보라. 막연한 약속보다는 구체적인 변화 내용을 확인하는 것이 중요하다. 중요한 것은 이런 대화를 비난이나 의심의 톤이 아니라, 진짜 미래를 함께 계획하고 싶다는 협력적 톤으로 진행하는 것이다. "가족이니까 서로 확실한 약속을 했으면 좋겠어요"라는 메시지를 전달하는 것이 효과적이다.

사회

정치인의 공약이나 사회적 약속들은 개인이 직접 확인하기 어렵지만, 몇 가지 기준으로 평가할 수 있다. 첫째는 과거의 이행률이다. 그 정치인이나 조직이 과거에 한 약속들을 얼마나 지켰는지 확인해보라. 둘째로는 약속의 구체성을 살펴야 한다. "경제를 살리겠다"는 추상적 약속보다는 "3년 내 일자리 10만 개 창출"과 같은 구체적 약속이 더 신뢰할 만하다. 셋째는 실현 가능성을 살펴야 한다. 현실적으로 불가능한 약속들은 아무리 매력적이어도 의심해야 한다. 온라인에서 쇼핑을 하거나 투자 상품을 살필 때도 마찬가지다. "곧 할인", "다음 달 신상품"과 같은 미래 약속보다는 현재 제공되는 가치와 조건을 기준으로 판단해야만 한다.

희망 고문 전략 방어의 함정과 한계

희망 고문은 단순한 속임수가 아니다. 그것은 인간의 본능적 심리, 미래에 더 나은 것을 기대하려는 욕구를 정교하게 겨냥한다. 방어 전략을 안다고 해도 대응이 쉽지만은 않다. 또한 방어 전략에도 함정이 있다. 연인의 진심 어린 다짐, 직장의 실제 승진 기회, 사회의 긍정적 변화까지도 모두 "희망 고문일 뿐"이라며 거부한다면, 결국 고립되고 만다. 건전한 미래 계획과 가짜 약속을 구분하지 못하면 진짜 기회와 깊은 관계를 놓칠 수 있다.

    따라서 균형이 필요하다. 희망을 전부 부정하지도, 무조건 믿지도 말아야 한다. 진짜 약속과 희망 고문의 차이는 구체성과 일관성을 살피면 된다. 진짜 계획은 구체적인 단계와 일정이 있고, 중간 중간 진행 상황을 확인할 수 있다. 반면 가짜 약속은 모호하고 추상적이며, 구체적으로 질문하면 회피한다. 약속이 지켜지지 않을 때 변명만 반복하고 대안은 제시하지 않는다. 결국 중요한 것은 희망을 대하는 태도다. 희망 고문 전략의 본질은 "조금만 더 기다려라"라는 말 속에 숨어 있는 무기력의 주입이다. 방어하려면, 그 기다림이 나를 어디로 이끄는지, 구체적 증거가 있는지 끊임없이 물어야 한다. 그래야만 희망은 나를 속박하는 족쇄가 아니라, 스스로 선택한 길의 동력이 될 수 있다.

희망 고문 전략 방어에 성공하는 사람의 말버릇

◆ 구체적인 일정을 요구한다
- → "약속의 일정과 기준을 구체적으로 알려 주세요"
- → "날짜를 정해 보죠. 언제까지 가능한가요?"

◆ 즉시 실행 항목을 요청한다
- → "이번 주 안에 무엇을 먼저 해 볼 수 있나요?"
- → "그럼 오늘은 계획서부터 서로 확인하죠"

◆ 기록과 근거로 대화한다
- → "지난 약속들을 정리해 보니 이행이 안 된 항목이 많았습니다. 이번엔 어떻게 다를까요?"

◆ 현재 기준을 분명히 한다
- → "미래 약속과 별개로, 지금 조건만으로도 이 선택이 괜찮은지 먼저 보겠습니다."

◆ 협력적이되 단호하게 경계를 세운다
- → "감사하지만 구체안이 나오면 다시 논의하죠."

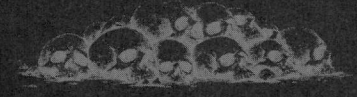

희망 고문 전략 방어 체크리스트

■ 약속 추적표를 작성하기

■ 모호한 약속을 정확한 날짜, 단계, 과정 등으로 구체화시키기

■ 작은 행동을 요청해 진정성 검증하기

■ 미래 보상을 제외하고 지금 조건만으로 판단해보기

■ 기회비용 계산하기

"의존할수록 약점이 커진다"

5부

장기적인 지배 방어하기

심리적인 감옥을 깨부숴라

매몰비용의 덫에서 벗어나기

도박장에서 10시간째 슬롯머신 앞에 앉아 있는 남자가 있었다. 이미 100만 원을 잃었다. 옆에서 지켜보던 사람이 "그만하세요. 더 잃기 전에"라고 말했다. 하지만 그는 고개를 저었다. "이미 100만 원이나 썼는데 지금 그만둘 수는 없어. 조금만 더 하면 본전은 찾을 거야." 결국 그는 300만 원을 더 잃고 나서야 자리를 떠났다. 이것이 바로 매몰비용 효과의 전형적인 모습이다. 그런데 이런 일이 도박장에서만 일어날까? 당신의 인간관계에서도 똑같은 일이 벌어지고 있을지도 모른다.

다크 심리학 조종자들은 바로 이 점을 노린다. 당신이 관계에 많이 투자할수록, 떠나기 어려워진다는 것을 알고 있다. 그들은 이미 투자한 시간, 감정, 자원에 얽매여서 합리적이지 않은 관계나 상황을 지속하게 만드는 심리적 함정을 판다. 이 현상의 핵심에는 매몰비용 효과 sunk cost effect 가 있다. 경제학적으로는 이미 지불된 비용은 미래 결정에 영향을 주지 않아야 한다. 하지만 인간의 심리는 그렇게 작동하지 않는다. "이미 이렇게 많이 투자했는데 포기할 수는 없어"라는 생각이 더 많은 손실로 이어진다.

2016년에 발표된 한 논문에서 연구자들은 흥미로운 질문을 던졌다. "사람들은 연애나 결혼 같은 관계에서도 경제학에서 말하는 매몰 비용 효과에 영향을 받을까?" 이를 알아보기 위해 연구진은 두 가지 실험을 진행했다.

인간관계도 투자이고 비용이 발생한다.

첫 번째 실험에서는 연인 관계에 대한 가상의 상황을 참가자들에게 제시했다. 어떤 경우에는 그 관계에 많은 돈과 노력을 투자한 것으로, 또 다른 경우에는 거의 투자하지 않은 것으로 설정했다. 그리고 나서 "관계 만족도가 낮아졌을 때, 이 관계를 계속 유지할 것인가, 아니면 끝낼 것인가?"를 물었다. 결과는 뚜렷했다. 이미 돈과 노력을 많이 들였다고 생각한 사람들은 만족도가 떨어져도 관계를 끝내지 않고 계속 이어가려는 경향이 훨씬 강했다.

두 번째 실험에서는 돈과 노력이 아니라 시간을 매몰 비용으로 설정했다. 참가자들에게 "이 관계에 얼마나 많은 시간을 이미 투자했다고 느끼는가?"라는 상황을 주고, 불행한 관계임에도 앞으로 얼마나 더 시간을 투자할 의향이 있는지를 물었다. 그 결과 역시 비슷했다. 이미 많은 시간을 쏟아부었다고 생각한 사람일수록 관계를 정리하지 못하고 더 시간을 투자하려는 성향을 보였다.

종합해보면, 돈·노력·시간 같은 자원이 이미 들어간 관계일수록 사람들은 그것을 쉽게 포기하지 못한다는 것이다. 특히 시간의 경우, 단순히 "계속할 것인가, 그만둘 것인가"라는 이분법적인 선택보다 "앞으로 더 투자할 의향이 있는가"를 물었을 때 매몰 비용 효과가 훨씬 더 강하게 나타났다. 즉, 우리는 불행한 관계에 머물면서도 "이제 와서 그만두기는 너무 아깝다"라는 심리 때문에 스스로를 붙잡아 두는 경우가 많다는 사실이 입증된 것이다.

연인 관계에서 "우리 벌써 3년째야", "이만큼 함께했는데 이제 와서 끝낼 수는 없어"라는 말을 하거나 들어본 적이 있는가? 직장에서 "여기서 이미 5년을 일했는데 지금 옮기면 그동안 쌓은 게 다 물거품이야"라고 생각해본 적이 있는가? 이런 생각 때문에 다크 심리학에서는 매몰 효과를 이용해 심리적인 감옥을 만들어낸다.

누군가는 의도적으로 관계의 매몰비용을 키운다.

조종자들은 이런 심리를 악용한다. 처음에는 작은 투자를 요구하고, 점차 더 큰 투자를 유도한다. 그리고 당신이 많이 투자한 순간부터 "지금까지 투자한 게 아깝지 않냐"며 떠나지 못하게 만든다. 연인이 "우리가 함께한 시간들이 의미 없단 말이야?"라고 말하거나, 상사가 "지금까지 회사에 쏟은 열정을 생각해봐"라고 말하는 것이 대표적이다.

가족 관계에서도 마찬가지다. "가족인데 어떻게 등을 돌려", "지금까지 너를 키운 게 아깝지 않냐"는 말로 성인이 된 자녀를 옭아맨다. 사회적 모임에서도 "우리가 지금까지 함께 해온 것들을 생각해봐"라며 개인의 선택을 제약한다.

더 교묘한 것은 조종자들이 의도적으로 '투자'를 유도한다는 점이다. 연인이 함께 반려동물을 키우자고 하거나, 공동명의로 대출을 받자고 하거나, 장기 여행 계획을 세우자고 하는 것들이 모두 심리적 락인을 강화하는 전략일 수 있다. 직장에서도 장기 프로젝트에 투입시키거나, 회사 주식을 사게 하거나, 동료들과의 깊은 유대감을 형성하게 만드는 것들이 비슷한 효과를 낸다.

그런데 진짜 무서운 점은 피해자 스스로가 이런 락인을 정당화한다는 것이다. "그동안 함께한 추억들이 있어", "이 관계에 너무 많은 걸 투자했어", "지금 포기하면 지금까지의 노력이 헛수고가 돼"라며 자기 합리화를 반복한다.

원칙1 과거와 미래를 별도로 생각하라

심리적 락인에서 벗어나는 첫 번째 단계는 매몰비용을 명확히 인식하고, 그것이 미래 결정에 영향을 주지 않도록 하는 것이다. 대부분의 사람들은 매몰비용과 미래 가치를 구분하지 못하기 때문에 비합리적 결정을 반복한다.

매몰비용 개념을 제대로 인식하는 방법은 과거와 미래를 떨어뜨려 놓고 생각하는 것이다. 이미 투자한 시간, 감정, 자원은 어떤 결정을 내리든 돌아오지 않는다. 중요한 것은 앞으로 투자할 시간과 에너지가 어떤 결과를 가져올지다.

구체적인 실행 방법은 다음과 같다. 매몰비용 목록을 만들어서 현재 관계나 상황에 이미 투자한 것들을 모두 적어보라. 시간(몇 년을 함께 했는지), 감정(얼마나 깊이 관여했는지), 물질적 자원(돈, 선물, 공동 구매 등), 기회비용(다른 선택을 포기한 것들) 등을 구체적으로 계산하라.

과거에 투자한 것은 이미 사라진 것이다.

그 다음 '미래 가치 목록'을 만들어라. 현재 관계나 상황을 지속했을 때 앞으로 얻을 수 있는 것들과 잃을 수 있는 것들을 객관적으로 적어보라. 이때 중요한 것은 과거의 투자를 완전히 배제하고 순수하게 미래만을 고려하는 것이다.

예를 들어, 3년간 교제한 연인과의 관계를 평가할 때 '3년이라는 시간'은 매몰비용이다. 중요한 것은 "앞으로 이 관계가 나에게 행복과 성장을 가져다줄 것인가?"다. 마찬가지로 5년간 다닌 직장을 그만둘지 고민할 때 '5년의 경력'은 매몰비용이다. 중요한 것은 "앞으로 이 직장이 나의 발전과 만족에 도움이 될 것인가?"다.

매몰비용 인식의 또 다른 방법은 다른 사람이 되었다고 생각하고 스스로에게 조언을 해보는 것이다. 만약 당신의 친구가 똑같은 상황에 있다면 어떤 조언을 해줄 것인가? 대부분의 경우 우리는 다른 사람의 상황에 대해서는 더 객관적이고 합리적으로 판단한다. 매몰 비용을 제거하고 상상해 보는 것도 효과가 있다. "만약 내가 지금 처음 이 사람을 만났다면, 이런 관계를 시작하겠는가?", "만약 내가 지금 처음 이 회사에 지원한다면, 입사하겠는가?"와 같은 질문을 해보라. 과거의 투자 없이 순수하게 현재 상황만으로 판단해보는 것이다.

원칙2 기회비용을 정확히 계산하라

과거와 미래를 분리해서 생각할 수 있게 되었다면, 이제는 기회비용을 구체적으로 계산해서 현재 선택의 진짜 비용을 파악해야만 한다. 많은 사람들이 '떠나면 잃는 것'에만 집중하고, '머물면서 놓치는 것'은 간과한다. 하지만 진짜 손실은 후자에 있을 수 있다.

기회비용을 계산할 때는 대안을 구체화하여야 한다. 현재 상황을 유지하지 않았을 때 가능한 모든 대안들을 구체적으로 상상하고 평가해보는 것이다. 구체적인 실행 방법은 다음과 같다. '대안 시나리오 목록'을 만들어라. 현재 관계나 상황에서 벗어났을 때 가능한 모든 선택지들을 적어보라. 연인과 헤어진다면? 새로운 사람을 만날 수 있고, 자기 개발에 집중할 수 있고, 다른 관심사를 탐구할 수 있다. 직장을 그만둔다면? 더 좋은 조건의 다른 회사로 이직할 수 있고, 창업할 수 있고, 새로운 분야에 도전할 수 있다. 각 대안에 대해 '실현 가능성'과 '예상 만족도'를 10점 만점으로 평가해보라. 그리고 현재 상황을 지속했을 때의 예상 만족도와 비교해보라. 이때 중요한 것은 감정적 판단이 아닌 객관적 분석이다.

시간에 초점을 둬서 생각해보는 것도 좋다. 현재 관계나 상황에 투자하는 시간과 에너지를 다른 곳에 투자했을 때 얻을 수 있는 가치를 계산해보라. 예를 들어, 문제가 많은 연인과의 관계 유지에 쓰는 에너지를 자기 개발이나 다른 인간관계에 투자했을 때의 결과를 상상해보라. 기회비용 계산에서 주의할 점은 확증 편향을 피하는 것이다. 현재 상황을 유지하고 싶은 마음이 있다면, 대안의 단점만 부각시키고 장점은 축소할 수 있다. 반대로 떠나고 싶은 마음이 강하다면, 대안을 과도하게 높이 생각할 수 있다. 가능한 한 중립적이고 현실적으로 평가하려고 노력하라.

원칙3 단계적으로 이탈하라

단계적 이탈의 첫 번째 원칙은 한 번에 모든 것을 끊어내는 것이 아니라 점진적으로 독립성을 확보하는 것이다. 의존도를 조금씩 줄여 나가면 갑작스러운 변화로 인한 충격을 줄일 수 있고, 동시에 각 단계에서 상황을 재평가할 여유도 생긴다. 이를 위해 '이탈 로드맵'을 세워 현재 상황에서 완전히 벗어나기까지의 과정을 세분화하고, 각 단계의 목표와 실행 방법을 구체적으로 계획하는 것이 중요하다.

　예를 들어 해로운 관계에서 벗어나려 할 때는, 먼저 물리적 거리를 확보하며 만나는 빈도를 줄이고, 이어서 정서적 거리를 두며 개인적인 이야기를 제한한다. 그 다음에는 다른 지지 체계를 구축해 의존도를 줄이고, 명확한 경계를 설정한 뒤 관계 종료를 통보하며, 마지막으로 완전한 단절에 이른다. 직장을 떠나는 경우에도 마찬가지다. 시장 조사와 이력서 준비를 시작으로 네트워킹과 채용 정보 수집, 면접 참여와 제안 확보, 새로운 기회 확정, 사직 의사 표명, 그리고 업무 인수인계와 퇴사의 순서를 밟는 것이다.

조종에서 벗어나는 것과 단순한 관계 정리는 다르다.

이 과정에서 각 단계의 진행 상황을 점검하는 것이 필요하다. 계획이 의도대로 흘러가고 있는지, 예상치 못한 문제가 생기지는 않았는지, 목표 수정이나 속도 조절이 필요한지 주기적으로 평가하고 조정해야 한다. 또한 주요 계획이 예상대로 진행되지 않을 경우에 대비해 '백업 계획'을 마련해두면 불확실성에 따른 불안을 줄이고 안정감을 확보할 수 있다. 더불어 가족, 친구, 상담사 등 정서적 지지를 줄 수 있는 지지 시스템을 미리 확보하는 것도 필수적이다. 변화 과정에서 모든 것을 혼자 감당하려 하기보다는 필요할 때 도움을 요청할 수 있어야 한다.

여기서 중요한 점은, 다크 심리학적 조종자는 결코 당신의 이탈을 순순히 두고 보지 않는다는 사실이다. 그들은 통제권을 잃지 않기 위해 과도한 연락, 눈물 섞인 호소, 죄책감 유발, 심지어 위협까지 동원할 수 있다. 따라서 단계적 이탈 과정은 단순한 관계 정리가 아니라 조종자의 반격을 예상하고 대비하는 방어 전략이어야 한다.

마지막으로는 '성공 지표'를 설정하는 것이다. 각 단계별로 무엇을 성취해야 성공이라 할 수 있는지 미리 정해두면, 진행 상황을 객관적으로 평가할 수 있고 과정 속에서 성취감을 더 크게 느낄 수 있다. 이렇게 해야만 당신은 흔들리지 않고 끝까지 이탈 과정을 완수할 수 있다.

관계별 심리적 감옥 탈출 전략

심리적 감옥은 관계의 성격과 맥락에 따라 다른 형태로 나타나며, 각각에 맞는 구체적이고 세밀한 해제 전략이 필요하다. 일률적인 접근으로는 복잡한 상황의 미묘한 차이를 다룰 수 없다.

연인

연인 관계에서 형성된 심리적 감옥은 가장 강력하면서도 복잡하다. 사랑이라는 감정이 개입되기 때문에 합리적인 판단이 어렵고, "함께한 시간"이라는 매몰비용은 강력한 족쇄로 작용한다. 대표적인 요소로는 함께한 시간과 추억, 공동으로 구매한 물건들, 서로의 가족에게 소개한 관계, 미래에 대한 공동 계획, 공통 친구들과의 연결, 그리고 성적 친밀감과 정서적 유대 등이 있다. 이러한 요소들은 관계의 질과 상관없이 이별을 주저하게 만든다. "3년을 함께 했는데", "부모님께도 소개했는데", "함께 키우는 반려동물이 있는데", "내년에 결혼하기로 했는데"라는 생각들이 명확한 판단을 방해하는 것이다.

이러한 심리적 감옥을 해제하기 위해서는 몇 가지 전략이 필요하다. 첫 번째는 '관계 품질과 투자 시간을 분리해서 바라보는 것'이다. **함께한 시간이 길다고 해서 반드시 좋은 관계인 것은 아니다.** 오히려 오랜 시간 함께했는데도 문제가 해결되지 않는다면 앞으로도 해결될 가능성은 낮다고 보는 것이 합리적이다. "만약 내가 지금 이 사람을 처음 만났다면, 이런 성격과 행동을 보이는 사람과 교제를 시작하겠는가?"라고 자문해 보라. 과거의 투자 없이 현재의 상대만 보고 판단하는 것이 중요하다.

두 번째 전략은 '미래 시나리오를 현실적으로 평가하는 것'이다. 현재의 문제들이 결혼 후, 동거 후, 아이가 생긴 후에도 지속될 가능성이 있는지를 냉정하게 따져야 한다. "결혼하면 달라질 거야", "아이가 생기면 책임감이 생길 거야"와 같은 희망적 기대는 대부분 실현되지 않는다.

이제껏 달라지지 않은 사람은 앞으로도 그대로다.

세 번째 전략은 '공동 자산을 재평가하는 것'이다. 함께 구매한 물건이나 공동 명의의 대출, 혹은 함께 키우는 반려동물 등이 이별을 망설이게 만드는 요인일 수 있다. 그러나 물질적 손실을 감수하더라도 정신적 자유가 더 큰 가치일 수 있음을 인식해야 한다.

마지막으로 네 번째 전략은 '사회적 비용을 관리하는 것'이다. 주변 사람들이 당신을 '좋은 커플'로 알고 있거나, 양가 부모가 관계를 인정한 경우 이별의 사회적 부담은 커질 수 있다. 그러나 다른 사람들의 기대와 체면 때문에 불행한 관계를 이어가는 것은 결코 합리적이지 않다. 결국 중요한 것은 외부의 시선이 아니라 당신 자신의 삶과 행복이다.

직장

직장에서의 심리적 감옥은 경제적 생존과 직결되어 있어 더욱 복잡하다. "여기서 이미 몇 년을 일했는데", "승진이 곧 될 텐데"와 같은 생각들이 불합리한 직장 생활을 계속 붙잡아 두는 요인으로 작용한다. 근무 연수와 경력, 축적된 네트워크와 인맥, 예상되는 승진과 퇴직 혜택, 전문성과 노하우, 안정성과 예측 가능성, 그리고 동료들과의 관계가 모두 강력한 락인 요소가 된다. 이러한 요소들은 안정감을 제공하는 듯 보이지만, 동시에 독성 직장 환경과 성장 가능성이 없는 업무, 부당한 대우를 견디게 만들기도 한다. 그러나 진짜 비용은 그 자리에 머물면서 잃게 되는 기회와 시간일 수 있다.

불안감 때문에 객관적인 눈을 잃어서는 안 된다.

이때 필요한 첫 번째 전략은 '경력 가치 재평가'다. 현재 직장에서의 경험이 정말로 시장에서 인정받을 만한 경력인지 냉정히 따져봐야 한다. 단순히 오래 일했다고 해서 의미 있는 경력이 되는 것은 아니다. 성장이 없는 반복 업무는 오히려 경력에 독이 될 수도 있다. 두 번째 전략은 '기회비용을 구체화하는 것'이다. 현재 직장에 남아 있음으로써 놓치고 있는 다른 가능성들을 면밀히 살펴보라. 더 나은 조건을 제시하는 다른 회사, 새로운 분야로의 도전, 창업의 기회, 추가적인 학습과 자기 개발 등은 모두 당신이 머무는 동안 사라지는 기회일 수 있다.

세 번째 전략은 '점진적 전환 계획'이다. 갑작스럽게 퇴사하는 대신, 단계적으로 준비하며 안전하게 전환하는 것이 중요하다. 이를 위해 새로운 기술을 습득하고, 네트워크를 확장하며, 포트폴리오를 구축하는 등 미래의 준비를 조금씩 해 나가야 한다. 이렇게 하면 현재의 업무를 유지하면서도 이직이나 전환의 기반을 마련할 수 있다. 마지막으로 중요한 것은 '퇴직 혜택의 재계산'이다. 퇴직금이나 연금 때문에 망설이고 있다면, 그 금액을 현재 가치로 환산해 새로운 기회의 가치와 비교해 보라. 단순히 눈에 보이는 금액이 아니라 인플레이션,

기회비용, 시간 가치 등을 종합적으로 고려했을 때 실질적으로 어떤 선택이 더 이득인지 따져야 한다.

가족

가족 관계에서의 심리적 감옥은 가장 오래되고 뿌리 깊다. "가족이니까", "지금까지 받은 사랑이 있으니까", "혈육인데 어떻게"와 같은 의무감이 해로운 가족 관계를 지속하게 만든다. 이러한 락인은 혈연관계와 양육의 은혜, 가족 내에서의 역할과 기대, 경제적 상호 의존, 사회적 체면과 명분, 종교적·문화적 가치관, 그리고 유산과 재산 문제와 같은 요소들에서 비롯된다. 그러나 가족이라는 이유만으로 무조건적인 희생을 감수해야 하는 것은 아니다. **건강한 가족 관계는 상호 존중과 지지를 바탕으로 해야 하며, 일방적인 희생을 요구해서는 안 된다.**

가족이 심리적 감옥으로 작동하고 있을 때의 첫 번째 전략은 성인으로서의 정체성을 확립하는 것이다. 성인이 된 후에도 여전히 자녀라는 역할에 갇혀 있지 말고, 독립된 개인으로서의 정체성을 분명히 세워야 한다. 부모의 기대나 형제자매와의 비교에서 벗어나 자신만의 가치와 목표를 설정할 필요가 있다. 두 번째 전략은 선택적으로 관여하는 것이다. 모든 가족 행사나 문제에 참여해야 한다는 의무감에서 벗어나, 자신의 시간과 에너지를 고려해 참여 여부를 선택하고, 그 선택에 대해 죄책감을 느낄 필요는 없다. 세 번째 전략은 경계 설정과 의사소통이다. **가족이라고 해서 무제한의 간섭과 요구를 받아들여야 할 이유는 없다.** 명확한 경계를 세우고, 이를 존중해달라고 요구해야 한다. "가족이니까 이해해달라"는 말로 경계를 무시하려 한다면 단호하게 거절하는 태도가 필요하다. 마지막으로 중요한 전략은 죄책감을 관리하는 것이다. 가족과 거리를 두거나 독립성을 추구할 때 느껴지는 죄책감은 자연스러운 반응이지만, 그것이 합리적인 선택을 방해하지 않도록 관리해야 한다. 필요하다면 전문가의 도움을 받아 감정을 다스리는 것도 방법이다.

사회적 관계

사회적 모임이나 집단에서도 심리적 락인은 발생한다. "이 모임에 오래 참여했는데", "여기서 중요한 역할을 맡고 있는데", "사람들이 나를 필요로 하는데"와 같은 생각들이 사람을 독성 집단에 묶어두고 벗어나지 못하게 만든다. 이 역시 모임

참여 기간과 기여도, 집단 내 지위와 역할, 인맥과 사회적 자본, 공동 프로젝트와 책임, 정체성과 소속감, 체면과 평판 등 다양한 요소에서 비롯된다. 그러나 만약 집단이 개인의 성장을 저해하거나 해로운 문화를 강요하고 불합리한 희생을 요구한다면, 그 소속감은 오히려 독이 될 수 있다.

소속감이 언제나 득이 되는 것은 아니다.

사회적으로 형성된 심리적 감옥을 해제하는 첫 번째 전략은 집단의 가치와 개인의 가치를 비교하는 것이다. 그 집단이 자신의 목표와 가치에 부합하는지를 평가해보고, 만약 충돌한다면 소속을 재고해야 한다. 두 번째 전략은 대안 네트워크를 구축하는 것이다. 한 집단에만 의존하지 말고 다양한 관계망을 형성해야 한다. 그래야 특정 집단에서 벗어나더라도 고립되지 않고 건강한 사회적 관계를 유지할 수 있다. 마지막으로, 점진적으로 참여를 조절하는 전략이 필요하다. 갑작스럽게 모든 활동을 끊는 대신, 점차 참여도를 줄여가며 자연스럽게 거리를 두는 것이다. 이렇게 하면 불필요한 갈등을 피하면서도 독립성을 확보할 수 있다.

심리적 감옥 탈출 전략의 함정과 한계

다크 심리학의 피해자가 되어서도 안 되겠지만, 모든 관계와 상황을 손익 계산으로만 평가하게 되어서도 곤란하다. 인간관계는 단순한 투자 대비 수익의 관계가 아니다. 사랑, 우정, 가족애 등은 경제적 논리로만 설명할 수 없는 가치를 갖는다.

매몰비용과 정당한 헌신을 구분하는 것도 중요하다. 어려운 시기를 함께 견디고, 상대방의 성장을 기다리고, 관계 개선을 위해 노력하는 것은 매몰비용이 아니라 건전한 헌신일 수 있다. 모든 투자를 매몰비용으로 보면 진정한 관계 발전의 기회를 놓칠 수 있다.

타이밍도 중요하다. 일시적인 어려움이나 갈등 상황에서 성급하게 관계를 정리하면 후회할 수 있다. 충분한 시간을 두고 신중하게 판단해야 한다. 개인의 성향과 상황도 중요하다. 어떤 사람들은 안정성을 중시하고, 어떤 사람들은 변화를 선호한다. 자신의 성향과 현재 상황을 고려해서 적절한 수준의 변화를 추구해야 한다.

심리적 감옥을 깨뜨리는 순간, 단순히 속박에서 벗어나는 것 이상의 변화가 일어난다. 새로운 선택지를 발견하고, 스스로 결정할 권리를 되찾는 경험은 강력한 자신감을 준다. 그러나 동시에 불안도 몰려온다. 익숙한 틀은 비록 답답하지만 안전처럼 느껴지기 때문이다. 다크 심리학은 이 지점을 놓치지 않는다. "지금 있는 자리가 더 편하지 않겠어?", "괜히 벗어나면 위험해"라는 메시지를 흘려, 스스로 탈출을 포기하게 만든다. 따라서 감옥을 깨는 것은 단순히 틀을 의심하는 데서 끝나지 않는다. 불안을 직면하고, 안전의 환상을 깨뜨리는 용기가 필요하다.

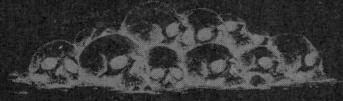

심리적인 감옥 탈출에 성공하는 사람의 말버릇

◆ **과거의 비용과 미래 가치를 분리해 말한다**
  → "지금까지 쓴 건 매몰비용, 앞으로의 가치로 결정하겠습니다"

◆ **기회비용을 질문으로 드러낸다**
  → "여기에 머물면 내가 무엇을 놓치죠?"
  → "다른 선택지의 이득은 뭔가요?"

◆ **외부의 지지와 검증을 확인한다**
  → "이건 기록하고 상담사와 상의해 진행해야겠다"

◆ **자기합리화를 끊는 문장을 쓴다**
  → "'아깝다'가 아니라 데이터로 결정해야겠어"

심리적인 감옥 탈출 체크리스트

■ 매몰비용 분리해보기

■ 미래 가치 평가해보기

■ 기회비용 계산해보기

■ 매몰비용이 없다고 가정하고 질문해보기

■ 상대의 위협에 대비해 기록과 안전을 미리 확보하기

기울어진 정보 불균형에서 벗어나라

정보를 모르면 이용당한다

중고차 딜러가 손님에게 말했다. "이 차는 정말 좋은 차예요. 전 주인이 할머니셨는데, 주일에 교회 갈 때만 탔거든요. 엔진도 완전 무사고고요." 손님은 고개를 끄덕였다. 하지만 딜러가 말하지 않은 것이 있었다. 이 차는 실제로 택시로 쓰였고, 침수 피해를 당했으며, 사고로 인한 수리 이력이 3번이나 있었다. 손님은 이런 사실을 모른 채 비싼 값을 주고 차를 샀다. 며칠 후 엔진에서 이상한 소리가 나기 시작했다.

이것이 바로 정보 비대칭의 무서운 현실이다. 악의를 품은 사람은 거짓말을 하지 않고도 목적을 달성하기도 한다. 단지 진실의 일부만 말할 뿐이다. 그리고 그 일부의 진실로 당신은 완전히 잘못된 결정을 내린다.

정보 비대칭 information asymmetry 은 거래나 관계에서 한쪽이 다른 쪽보다 더 많은 정보를 보유하고 있는 상태를 말한다. 조종자들은 바로 이 정보의 격차를 가장 강력한 무기로 사용한다. 중요한 사실은 숨기고, 유리한 정보만 강조하고, 허위 정보를 진실처럼 포장해서 상대방의 판단을 완전히 흐려버린다.

정보 격차가 영향력의 격차다.

연인 관계에서 상대방이 과거 연애 경험이나 현재 상황에 대해 일부 정보만 제공하면서 "너만 믿어"라고 말하는 순간, 직장에서 상사가 프로젝트의 어려운 부분은 숨기고 좋은 면만 강조하면서 업무를 떠맡기는 순간, 투자 제안에서 "이런 기회는 흔하지 않다"며 위험 요소는 언급하지 않는 순간, 모든 조종은 이런 순간들에서부터 시작한다.

그런데 진짜 무서운 점은 정보 비대칭의 피해자가 스스로를 설득한다는 것이다. 부족한 정보를 가지고도 "충분히 알았다", "이 정도면 괜찮다"라고 판단한다. 조종자는 정보를 숨기기만 하면 되고, 실제 설득은 피해자가 알아서 한다. 이 잔혹한 현실을 이해했다면, 이제 어떻게 이 게임에서 벗어날 것인지 배워야 한다. 정보 비대칭을 해소하는 것은 단순히 더 많은 정보를 얻는 것이 아니다. 올바른 정보를 올바른 방법으로 얻는 것이다.

원칙1 다양한 출처에서 정보를 구하라

정보 비대칭을 해소하는 가장 기본적이면서도 치명적인 방법은 여러 정보원에서 같은 사실을 확인하는 것이다. 한 사람이나 한 출처에만 의존하면 그들의 편향이나 의도에 완전히 휘둘릴 수밖에 없다. 하지만 대부분의 사람들은 이런 기본적인 검증조차 하지 않는다. 왜냐하면 편하기 때문이다.

다중 정보원 교차검증의 핵심은 정보원이 다양해야 한다는 것이다. 서로 좋아하고, 서로 이해관계가 일치하는 출처들에서만 정보를 모으면 다양성의 의미가 없다. **오히려 서로 대립**

하고, 서로 다른 이익을 추구하는 출처들에서 정보를 수집해야 한다.** 그래야 각자가 숨기려는 부분들이 서로 드러난다.

다양한 그룹과의 인간관계가 정보 편중을 막아준다.

새로운 직장 기회를 평가할 때를 생각해보자. 현재 회사 상사는 "너를 놓치고 싶지 않다"며 그 회사의 문제점들을 과장할 것이다. 반대로 새 회사의 인사담당자는 "우리 회사는 완벽하다"며 좋은 점만 강조할 것이다. 하지만 그 회사의 실제 직원들, 전직자들, 경쟁사 사람들, 업계 기자들에게서 나오는 이야기는 전혀 다를 수 있다.

여기서 주의해야 할 함정들이 있다. 비슷한 관점을 가진 출처들만 모으면 다양성의 의미가 사라진다. '권위에의 의존 오류'도 조심해야 한다. 유명하거나 권위 있는 출처라고 해서 무조건 신뢰할 수는 없다. 그들도 자신만의 이해관계와 편향을 가지고 있다. 확증 편향을 의식적으로 억제하는 것도 중요하다. 자신이 원하는 결론을 지지하는 정보만 수집하려는 충동을 거부하고, 의도적으로 불편한 진실도 찾아내려고 노력해야 한다.

원칙2 비판적으로 질문하라

두 번째 방법은 제시된 정보에 대해 체계적으로 비판적 질문을 던져서 그 신뢰도와 완결성을 평가하는 것이다. 조종자들은 피상적인 정보나 감정적 호소에 의존하는 경우가 많기 때문에, 깊이 있는 질문은 그들의 허점을 잔혹하게 드러낸다.

비판적 질문은 표면 너머의 진실을 파헤쳐 준다. 누가 이 정보를 제공하는가? 그들이 이것을 말함으로써 얻는 이익은 무엇인가? 이 정보를 뒷받침하는 구체적 증거는 어디 있는가? 반대 증거나 다른 해석은 왜 제시되지 않는가?

연인이 "내 전 여자친구는 정말 나쁜 사람이었어"라고 말할 때, 대부분은 "그랬구나"하고 넘어간다. 하지만 비판적 질문가는 다르게 접근한다. 구체적으로 어떤 행동이 나빴는가? 그 상황에서 상대방의 입장은 어땠을까? 관계가 끝난 진짜 이유는 무엇인가? 다른 사람들은 그녀를 어떻게 평가했는가? 혹시 당신도 문제가 있었던 것은 아닌가?

질문의 내용은 날카롭게, 태도는 우호적으로 하라.

직장에서 상사가 "이 프로젝트는 확실히 성공한다"고 말할 때도 마찬가지다. 성공의 구체적 기준이 무엇인가? 비슷한 프로젝트의 과거 성공률은 어떤가? 실패할 수 있는 위험 요소들은 무엇인가? 실패했을 때 누가 책임을 지는가? 다른 팀원들은 이 프로젝트를 어떻게 생각하는가?

투자 제안을 받을 때는 더욱 냉혹해져야 한다. 수익률 계산의 구체적 근거는 무엇인가? 과거 실적이 미래를 보장하는가? 손실 가능성과 최대 손실 규모는 어느 정도인가? 투자금을 언제, 어떻게 회수할 수 있는가? 이 제안을 거절하면 정말 다른 기회가 없는가?

이런 체계적 질문을 훈련받은 사람들은 허위 정보나 편향된 정보를 잘 식별한다. 특히 감정적 호소나 권위에의 호소에 덜 휘둘린다. 하지만 여기서 중요한 것은 질문하는 방식이다. **공격적이거나 의심스러운 태도로 질문하면 상대방이 방어적이 되어 오히려 정보를 더 숨길 수 있다.** "궁금해서 그런데", "이해를 돕기 위해", "좀 더 자세히 알고 싶어서" 같은 표현으로 포장해서 자연스럽게 질문해야 한다.

원칙3 독립적으로 검증하라

세 번째이자 가장 강력한 방법은 제시된 정보를 독립적으로 사실확인하는 것이다. 조종자가 제공한 정보를 그대로 받아들이지 말고, 스스로 확인할 수 있는 방법을 찾아 직접 검증하는 것이다. 이것이야말로 정보 비대칭을 완전히 뒤엎는 궁극적 방법이다.

독립적 검증의 핵심은 조종자를 우회하는 정보 획득이다. 그들이 제공하거나 해석한 정보에 의존하지 말고, 원본 자료나 객관적 증거를 직접 찾아내는 것이다. 공식 기록, 정부 통계, 법원 판결문, 회사 공시 자료, 학위증명서, 재무제표, 언론 보도같은 것들은 조작하기 어렵고 확인하기 쉽다.

연인 관계에서 상대방의 주장을 검증할 때도 마찬가지다. 그들이 말하는 직업, 학력, 경제적 상황, 가족 관계 등을 회사 홈페이지, 동문 네트워크, 공통 지인, SNS 활동, 생활 패턴 관찰 등을 통해 간접적으로 확인할 수 있다. 물론 이것이 스토킹이나 사생활 침해가 되어서는 안 되지만, 공개된 정보나 자연스러운 관찰을 통한 확인은 가능하다.

직접 확인한 정보만이 가치 있다.

직장에서도 상사나 회사의 주장을 맹신하지 말고 직접 확인해야 한다. 회사의 재정 상태는 공시 자료로, 업계 전망은 독립적인 시장 조사 기관 자료로, 승진 가능성은 인사팀이나 다른 부서 사람들을 통해 확인할 수 있다. 투자나 사업 기회를 평가할 때는 더욱 철저해야 한다. 제안자의 과거 실적을 공식 기록으로, 시장 전망을 정부 통계나 업계 보고서로, 법적 위험을 관련 법령이나 판례로, 유사 사례의 결과를 공개된 자료로 직접 확인해야 한다.

디지털 시대에는 검증 도구들도 발달했다. 팩트체킹 사이트, 역 이미지 검색, 링크나 인용문의 원본 확인, 통계 데이터의 원 출처 추적, 소셜미디어 계정의 진위 확인 등을 통해 보다 정확한 검증이 가능하다. 하지만 여기서도 함정이 있다. 팩트체킹 사이트나 검증 기관들도 완전히 중립적이지 않을 수 있다. 그들도 자신만의 편향이나 이해관계를 가질 수 있으므로, **여러 검증 기관의 결과를 비교해서 종합적으로 판단해야 한다.**

연인

새로 사귀기 시작한 연인이 "나는 연애를 진지하게 해. 장난으로 만나는 게 아니야"라고 말한다. 달콤한 말이지만, 여기에도 정보 비대칭이 숨어있을 수 있다. 그가 말하지 않는 것은 무엇일까? 현재 다른 사람과도 만나고 있지는 않을까? 과거 연애에서는 어떤 패턴을 보였을까?

정보 비대칭을 해소하려면 먼저 자연스러운 대화 속에서 상대의 일관성을 확인해야만 한다. 같은 주제에 대해 다른 시점에서 질문해보고, 답변이 일치하는지 살펴봐야 한다. "전 여자친구와는 왜 헤어졌어?"라는 질문에 처음에는 성격 차이라고 했는데, 나중에는 "바람을 피워서"라고 말한다면 뭔가 숨기고 있는 것이다.

두 번째로 행동과 말이 일치하는지 살펴야 한다. "돈에 관심없다"라고 말하면서 지속적으로 비싼 레스토랑만 가자고 하거나, "가족을 중시한다"고 하면서 가족과의 약속은 자주 어긴다면 진짜 가치관을 의심해봐야 한다. 6개월이 지난 후, 그 연인의 진짜 모습이 드러났다. 진지한 연애라고 했던 그는 실제로는 여러 명과 동시에 만나고 있었고, 과거에도 비슷한 패턴을 반복했던 것이 밝혀졌다. 만약 처음부터 다각도 검증을 했다면 이런 상처를 피할 수 있었을 것이다.

공통 지인을 통해 간접적으로 확인해볼 수도 있다. 상대방의 친구나 동료들과 자연스럽게 대화하면서 상대방에 대한 정보를 수집할 수 있다. "○○씨는 어떤 사람이에요?"라고 물어보면, 그들의 진짜 모습을 엿볼 수 있다. 하지만 이때 조사하는 것처럼 보이지 않도록 주의해야 한다.

네 번째는 디지털 흔적을 확인해볼 수 있다. SNS, 온라인 활동, 검색 결과 등을 통해 상대방의 말과 실제 생활의 일치성을 확인할 수 있다. 하지만 이것이 스토킹이나 사생활 침해가 되어서는 안 되고, 공개된 정보의 범위에서만 해야 한다.

직장

새로 입사한 회사에서 팀장이 말했다. "우리 회사는 정말 전망이 밝아. 내년에 대규모 투자도 받기로 했고, 직원들 처우도 대폭 개선할 예정이야. 네가 열심히 하면 빠른 승진도 가능해." 희망적인 이야기지만, 여기에는 어떤 정보들이 숨겨져 있을까? 직장 내 정보 비대칭 해소의 첫 번째 전략은 공식 채널 활용이다. 팀장의 말만 믿지 말고 회사 공시 자료, 주주총회 자료, 언론 보도, 업계 분석 보고서 등을 직접 확인해야 한다. 대규모 투자라는 말의 구체적 내용과 확실성을 공식 자료로 검증해야 한다.

진실은 하나의 출처에서 나오지 않는다.

두 번째는 다층적 네트워킹을 통해 교차 검증을 해야 한다. 한 사람이나 한 부서의 정보에만 의존하지 말고, 다양한 레벨과 부서의 사람들과 관계를 형성해야 한다. 인사팀, 재무팀, 다른 팀의 팀장들, 선배 직원들에게서 나오는 이야기를 종합해야 전체 그림이 보인다. 1년 후, 그 회사의 실제 상황이 드러났다. 대규모 투자는 불확실한 계획에 불과했고, 오히려 회사는 자금난에 시달리고 있었다. 처우 개선은 일부 임원들에게만 해당되었고, 빠른 승진은 허울뿐인 직급 상승에 불과했다. 만약 처음부터 독립적 검증을 했다면 이런 실망을 피할 수 있었을 것이다.

세 번째는 업계 정보 수집이다. 회사 내부 정보만으로는 한계가 있다. 업계 전반의 동향, 경쟁사 상황, 시장 전망 등을 파악해야 우리 회사의 진짜 위치를 알 수 있다. 업계 전문지, 컨퍼런스, 동종업계 사람들과의 네트워킹을 통해 객관적 시각을 확보해야 한다.

네 번째는 경험자들의 조언 활용이다. 비슷한 회사나 상황을 경험했던 선배들, 전직자들과의 대화를 통해 숨겨진 리스크들을 파악할 수 있다. 그들은 이미 겪어본 함정들에 대해 생생한 조언을 줄 수 있다.

투자 및 금융

"이 펀드는 정말 특별해요. 작년에 50% 수익률을 기록했고, 올해도 비슷한 성과를 낼 것으로 예상됩니다. 지금 투자하지 않으면 기회를 놓치실 거예요." 투자 상담사가 달콤하게 유혹한다. 하지만 그가 말하지 않는 정보들이 훨씬 더 중요할 수 있다. 투자 관련 정보 비대칭 해소의 첫 번째 무기는 독립적 전문가 자문이다. 판매자가 아닌, 수수료를 받지 않는 독립적인 금융 전문가나 자문기관의 의견을 구해야 한다. 이해관계가 없는 전문가의 조언이 훨씬 객관적이다.

공식 규제 기관의 정보도 활용해야 한다. 금융감독원, 한국은행, 증권거래소 등의 공식 자료를 직접 확인해야 한다. 해당 금융상품의 규제 현황, 과거 분쟁 사례, 위험 경고 등을 파악할 수 있다.

6개월 후, 그 펀드의 진짜 모습이 드러났다. "50% 수익률"은 특정 기간의 최고 성과만을 선택적으로 제시한 것이었고, 전체 기간으로 보면 손실이 더 많았다. 높은 수수료와 숨겨진 비용들로 인해 실제 투자자들의 수익률은 광고와 전혀 달랐다. 독립적 검증을 했다면 이런 손실을 피할 수 있었을 것이다.

과거 실적과 사례를 철저히 분석하는 것도 중요하다. 제안 받은 상품이나 전략과 유사한 과거 사례들을 찾아 실제 성과를 분석해야 한다. 광고나 설명과 실제 결과 사이의 차이를 확인할 수 있다. 또 다른 대안을 찾아보는 것도 중요하다. 하나의 제안만 보지 말고, 비슷한 여러 상품이나 기회를 비교 분석해야 한다. 상대적 관점에서 보면 특정 제안의 장단점이 더 명확해진다.

정치 및 사회

"우리나라 경제성장률이 세계 1위입니다!"라고 악의를 품고서 한 정치인이 발표했다고 해보자. 살펴야 할 것은 많다. 하지만 여기에도 함정이 있다. 어떤 기준에서 1위인가? 다른 지표들은 어떤가? 지속가능성은 어떤가? 부작용은 없는가? 정치·사회 정보의 편향 해소 첫 번째 전략은 다양한 관점의 의도적 노출이다. 자신과 다른 정치적 성향의 매체나 의견도 의도적으로 접해야 한다. 에코 체임버에서 벗어나야 전체 그림을 볼 수 있다. 보수 매체만 보거나 진보 매체만 보면 편향된 시각에 갇힐 수밖에 없다.

원 데이터를 직접 추적하는 것도 중요하다. 통계나 연구 결과가 인용될 때, 언론이나 정치인의 해석을 믿지 말고 원본 자료를 직접 확인해야 한다. 해석과 원 데이터 사이에는 종종 천지 차이가 있다. 실제로 그 "경제성장률 세계 1위" 주장을 원 데이터로 확인해보니, 특정 분기의 특정 지표에서만 1위였고, 다른 중요한 지표들은 오히려 하위권이었다. 전체적인 경제 상황은 결코 낙관적이지 않았다.

또한 신뢰할 만한 팩트체킹 기관들을 검증하면서 활용해야만 한다. 하지만 팩트체킹 기관들도 완전히 중립적이지 않을 수 있으므로, 여러 기관의 결과를 비교해서 종합적으로 판단해야 한다. 이때 중요한 사안일수록 즉시 판단하지 말고 시간을 두고 다양한 정보를 수집한 후 결론을 내려야 한다. 감정적 반응을 피하고 냉정한 분석이 가능해진다.

정보 비대칭 해소 전략의 함정과 한계

정보 비대칭 해소의 가장 큰 함정은 모든 것을 의심하게 되는 극도의 불신이다. 지나친 검증 요구는 관계를 파괴하고, 사회적 신뢰 기반을 무너뜨릴 수 있다. 연인에게 모든 말을 증명하라고 요구하거나, 동료의 모든 제안을 의심하면 정상적인 관계는 불가능하다.

정보 과부하도 심각한 문제다. 너무 많은 정보원을 확인하려다 보면 오히려 혼란스러워질 수 있다. 무엇이 중요한 정보이고 무엇이 노이즈인지 구분하는 능력이 필요하다. 모든 정보를 동일한 가중치로 취급하면 본질을 놓칠 수 있다.

확증편향의 역설도 조심해야 한다. 다양한 정보를 수집한다고 해서 편향이 사라지는 것은 아니다. 자신이 원하는 결론을 지지하는 정보만 선택적으로 수집하고, 반대 증거는 무시하려는 경향은 여전히 남아있다. 완벽한 정보의 환상도 버려야 한다. 어느 정도의 불확실성과 정보 부족은 감수해야 하며, 그 안에서 최선의 판단을 내리는 것이 현실적이다. 100% 확실한 정보만 기다리다가는 모든 기회를 놓칠 수 있다.

시간과 비용의 제약도 현실적으로 고려해야 한다. 모든 정보를 완벽하게 확인하려면 무한한 시간과 자원이 필요하다. 상황의 중요도와 가용 자원을 고려해서 적절한 수준의 검증을 해야 한다. 전문성의 한계도 인정해야 한다. 복잡한 전문 분야의 정보는 일반인이 직접 검증하기 어렵다. 이런 경우 신뢰할 만한 전문가의 도움을 받되, 그 전문가들의 이해관계도 파악해야 한다. 마지막으로 정보 확인이 관계에 미치는 영향도 고려해야 한다. 특히 친밀한 관계에서 지나친 검증은 불신의 메시지로 받아들여질 수 있다. 검증의 필요성과 관계 유지 사이의 섬세한 균형을 찾아야 한다.

하지만 이런 한계들이 정보 비대칭 해소의 필요성을 부정하는 것은 아니다. 오히려 더 정교하고 현명한 접근이 필요하다는 것을 의미한다. 완벽하지 않더라도 현재보다 나은 판단을 내릴 수 있다면 그것으로 충분하다.

정보 불균형 탈출에 성공하는 사람의 말버릇

◆ **여러 출처를 확인한다**
  → "한쪽 말만 듣지 않고 다른 곳도 확인해볼게요"

◆ **이해관계를 확인한다**
  → "이 정보를 주셔서 얻는 이익이 무엇인가요?"

◆ **정보의 근거를 요구한다**
  → "혹시 출처도 알 수 있을까요?"

◆ **되도록 자연스레 확인한다**
  → "궁금해서 그러는데요, 몇 가지 더 여쭤봐도 될까요?"

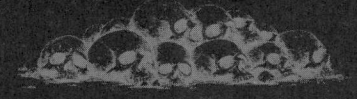

정보 불균형 탈출 체크리스트

■ 여러 출처에서 교차 검증하기

■ 장점뿐 아니라 단점과 위험 요소도 질문하기

■ 정보 제공자의 의도를 의식하며 듣기

■ 공식 자료·원문 데이터를 직접 확인하기

■ 결론은 감정이 아닌 사실에 근거해 내리기

■ 질문은 우호적 톤으로 하기

관계를 수시로 재검토하라

유해한 관계 정리하기

새벽 3시, 병원 응급실에서 의사가 말했다. "환자분, 이 상처는 반복적으로 생긴 거 같은데요. 같은 부위에 계속 상처가 나면 아무는 속도보다 망가지는 속도가 더 빨라집니다. 상처가 생기는 원인부터 제거해야 해요." 환자는 고개를 끄덕였다. 그런데 이상하게도, 같은 원리가 인간관계에서는 잘 적용되지 않는다. 같은 사람에게 반복적으로 상처받으면서도 "참고 견뎌야지", "언젠가는 달라질 거야"라며 그 관계를 유지한다.

관계 재구성 relationship restructuring 은 심리적 방어의 최종 단

계로, 지속적으로 해를 끼치는 관계를 근본적으로 변화시키거나 강제로 끊어버리는 전략이다. 단순한 이별이나 단절이 아니라, 자신의 정신건강과 성장을 위한 의식적이고 계획적인 선택이다.

많은 사람들이 인간관계를 정리하는 것을 포기나 실패로 생각한다. 하지만 완전히 잘못된 인식이다. 해로운 관계에서 벗어나는 것은 가장 훌륭한 자기 보호다. 아무리 뛰어난 다크 심리학 방어 기술을 익혀도, 곁에 해로운 사람이 있다면 그것은 지속적으로 독을 마시면서 해독제도 복용하는 꼴이다. 근본적인 해결책이라고는 할 수 없다.

만성적으로 스트레스를 주는 관계에 지속적으로 노출된 사람들은 코르티솔 수치가 정상보다 높고 우울증 발병률도 높아질 확률이 높다. **해로운 관계는 반복적이며 일방적이다.** 같은 패턴의 갈등과 상처가 계속 반복되고, 한쪽에서만 개선하려고 노력한다. 상대방은 변화할 의도가 없으면서 양보와 희생만 요구한다. 이런 관계에서는 아무리 소통 기술을 쓰고 경계를 설정하는 등 방어 테크닉을 발휘해도 근본적인 개선을 할 수 없다.

독을 끊는 것이 해독제보다 효과적이다.

연인 관계에서 상대방이 반복적으로 당신을 비하하고, 통제하려 하고, 당신의 경계를 무시한다면, 그것은 사랑이 아니라 습관적 폭력이다. 직장에서 상사나 동료가 지속적으로 당신을 괴롭히고, 공로를 가로채고, 부당한 요구를 한다면, 업무가 아니라 직장 내 괴롭힘이다. 가족 관계에서도 마찬가지다. 가족이라는 이유로 지속적인 비난, 조종, 경계 침범을 참아야 할 이유는 없다. "피는 물보다 진하다"는 말도 있지만, 독이 든 피는 물보다 해로울 것이다.

그런데 왜 사람들은 유해한 관계를 유지하려 할까? 첫째로는 매몰비용 오류가 작용한다. "이미 이렇게 오래 투자했는데 포기할 수는 없어"라는 생각이 작동한다. 둘째는 변화를 두려워하기 때문이다. 나쁜 관계라도 익숙한 것을 지속하는 것을 불확실한 미래보다 안전하게 느끼고는 한다. 셋째는 사회적 압력 때문이다. '관계를 포기하는 것은 실패'라는 굳어진 사회적 편견이 있다.

그러나 **해로운 관계를 지속하는 것이 진짜 실패다.** 자신의 정신건강을 희생하면서까지 유지할 가치가 있는 관계는 없다. 당신이 지금 견디고 있는 그 관계가 정말로 견딜 만한 가치가 있는가? 아니면 단순히 변화가 두려워서 참고 있는 것은 아닌가? 관계 정리는 포기가 아니라 자기 존중이다.

원칙1 관계를 객관적으로 바라보라

관계 재구성의 첫 번째 단계는 현재 관계들을 객관적으로 진단하는 것이다. 대부분의 사람들은 감정적으로 관계를 평가하기 때문에, 명백히 해로운 관계도 "가끔 좋을 때도 있어"라며 합리화한다. 체계적인 진단 도구가 필요한 이유다. 관계 진단의 핵심은 패턴 분석이다. 일시적인 갈등이나 문제가 아니라, 지속적이고 반복적인 패턴을 확인하는 것이다. 구체적인 진단 방법은 다음과 같다.

먼저 관계 영향 일지를 작성하는 방법이 있다. 3주 동안 매일 저녁, 주요 인간관계별로 그날의 상호작용이 당신의 기분과 에너지에 미친 영향을 -5점부터 +5점까지 점수로 기록하라. -5는 "매우 부정적 영향", +5는 "매우 긍정적 영향"이다. 예를 들어, "연인과의 대화 후 기분: -3점 (비난당한 느낌)",

"동료 A와의 협업: +2점 (격려받은 느낌)", "상사와의 면담: -4점 (위축되고 무력감)" 같은 식으로 기록하라. 3주 후 데이터를 분석해보라. 특정 사람과의 상호작용 후 지속적으로 마이너스 점수가 나온다면, 그 관계는 해로운 관계다. 반대로 지속적으로 플러스 점수가 나오는 관계는 건강한 관계다.

사람과는 별개로 관계도 평가해야 한다.

두 번째 진단 도구는 경계 침범 체크리스트다. 상대방이 보이는 특정 행동이 반복적으로 나타나는지를 살펴야 한다. 예를 들어, 내 의견을 무시하거나 조롱하고, 개인적인 결정에 간섭하며, 나의 약점을 이용해 조종하려 드는 경우가 있다. 또 내가 분명히 "아니오"라고 거절했음에도 불구하고 계속 강요하거나, 다른 사람과 비교하며 나를 비하하는 태도를 보일 수도 있다. 심지어 나의 성공을 질투하거나 방해하고, 죄책감을 주입해 행동을 통제하려는 모습이 나타나기도 한다. 이러한 행동들 중 세 가지 이상이 자주 반복된다면, 그 관계는 이미 해로운 관계로 진단해야 한다.

세 번째 진단 기준은 성장 촉진도다. 그 관계가 당신의 개인적 성장과 발전에 도움이 되는지 평가하라. 건강한 관계는 서로를 성장시키지만, 해로운 관계는 한쪽 또는 양쪽의 성장을 저해한다. 마지막으로 미래 가능성을 평가하라. 지금까지의 패턴을 보았을 때, 이 관계가 앞으로 개선될 가능성이 얼마나 되는지 현실적으로 평가하라. 상대방이 변화할 의지를 보였는지, 실제 변화 노력을 했는지, 그 변화가 지속되었는지 확인하라. 이런 진단을 통해 관계를 세 종류로 나누어보면 좋다. 즉시 정리가 필요한 해로운 관계, 개선 가능성이 있는 문제 관계, 유지할 가치가 있는 건강한 관계다.

원칙2 단계별로 안전하게 관계를 정리하라

충동적으로 관계를 정리해서는 안 된다. 특히 오래된 관계나 복잡한 관계는 신중하고 단계적인 접근이 필요하다. 갑작스러운 단절은 상대방의 극단적 반응을 유발할 수 있고, 당신에게도 예상치 못한 부작용을 가져올 수 있다.

단계별 관계 정리의 첫 번째 단계는 거리두기다. 일단 그 사람과의 접촉 빈도를 의도적으로 줄여보라. 매일 연락하던 것을 격일로, 주 3회 만나던 것을 주 1회로 줄이는 식이다. 이 과정에서 두 가지를 관찰하라. 첫째, 당신의 스트레스 수준과 전반적 기분이 어떻게 변하는지. 둘째, 상대방이 어떤 반응을 보이는지.

만약 상대와 거리를 두었을 때 당신이 더 편안하고 에너지가 생긴다면, 그 관계가 얼마나 당신을 소모시켰는지 확인할 수 있다. 반대로 상대방이 거리두기에 대해 극단적으로 반응한다면(과도한 연락, 감정적 호소, 위협 등), 그것 자체가 그 관계가 해로운 관계이거나 의도적인 조작이 개입되어 있는 관계임을 증명한다.

관계를 끊는 것도 기술이다.

두 번째로는 상대와 나의 경계선을 더 명확히 그어야 한다. 상대방에게 명확한 경계를 설정하고 반응을 확인하라. "앞으로는 이런 방식으로 말하지 말아주세요", "이런 행동은 받아들일 수 없어요"라고 직접적으로 표현해보라. 건전한 관계에서는 이렇게 부탁하면 상대는 나의 의견을 존중한다. 만약 그렇지 않은 해로운 관계라면 경계를 설정하는 일 자체를 공격하거나 무시할 것이다.

그 관계가 없어졌을 때에도 나를 지탱해줄 여러 대안을 마련해두어야 한다. 아무리 해로운 관계라도, 관계를 끊을 때는 고통이 따르고 그 뒤에는 허전함이 기다리고 있다. 다른 건강한 관계들을 강화하고, 필요하다면 전문가의 도움을 받을 준비를 하라. 혼자서 모든 것을 감당하려 하지 말아야 한다.

다음으로는 관계를 어떻게 끊을지 결정해야만 한다. 관계를 점진적으로 끊을 수도 있고, 바로 끊을 수도 있다. 상호 존중이 남아 있고 폭력의 위험이 없다면, 점진적으로 관계를 끊어도 괜찮다. 그렇지 않고 관계를 끊으려 할 때 폭력이나 지속적인 위협이 예상된다면 바로 관계를 끊어야 한다. 관계 정리에는 사후 관리 단계도 필요하다. 관계를 정리한 후에도 일정 기간 동안은 상대방의 접근 시도나 자신의 감정 변화를 모니터링하라. 필요하면 법적 조치나 전문가 상담을 고려하라.

여기서 반드시 기억해야 할 점이 있다. 다크 심리학을 사용하는 조종자는 결코 순순히 물러나지 않는다. 그들은 통제권을 잃는 순간 가장 불안정해지고, 처음에는 달콤한 회유와 애정 공세로 당신을 붙잡으려 한다. 그러나 그것이 통하지 않으면, 곧바로 비난, 협박, 죄책감 주입, 심지어는 스토킹이나 보복 시도로 나아가기도 한다. 이는 단순한 감정의 발로가 아니라, 당신을 다시 통제하려는 마지막 몸부림이다. 따라서 관계를 정리할 때는 이러한 극단적 반발을 예상하고, 이를 '위험 신호'로 인식해야 한다. **조종자가 강하게 저항할수록, 오히려 그 관계가 정상적이지 않았다는 증거임을 명심하라.**

원칙3 건강한 관계는 발전시켜라

관계를 정리하는 것만으로는 충분하지 않다. 건강한 관계를 새로 형성하고 기존의 좋은 관계를 더욱 발전시켜야 한다. 선택적 친밀감 형성법은 에너지와 시간을 가장 가치 있는 관계에 집중하는 전략이다.

선택적 친밀감의 핵심은 양보다 질에 있다. 많은 사람과 얕은 관계를 넓게 유지하는 것보다는, 소수의 사람과 깊고 의미 있는 관계를 맺는 것이 정신 건강에 훨씬 더 유익하다. 실제 연구 결과에 따르면, 한 개인이 진정한 친밀감을 경험할 수 있는 관계의 수는 대체로 3~7개 정도가 한계라고 한다.

그렇다면 건강한 관계는 어떤 모습일까? 우선 상호 존중과 신뢰가 기본이 된다. 서로의 성장을 지지하고 격려하며, 갈등이 생기더라도 건설적으로 해결할 수 있어야 한다. 또한 각자의 경계를 인정하고 존중할 수 있어야 하며, 겉치레가 아닌 진정성 있는 소통이 가능해야 한다. 마지막으로, 함께 있을 때 오히려 에너지가 생기고 힘이 되는 관계라면 그것이 바로 진짜 건강한 관계라 할 수 있다. 이런 특징들을 갖춘 사람들을 적극적으로 찾고, 그들과의 관계에 더 많은 시간과 에너지를 투자하라. 기존 관계 중에서도 이런 잠재력을 가진 관계들을 발굴하고 발전시켜라.

처음부터 다크 심리학과
거리가 먼 사람들을 곁에 두라.

특히 조종에서 벗어난 직후에는 건강한 관계의 신호를 의식적으로 점검하는 습관이 필요하다. 누군가가 당신을 무조건적으로 추켜세우거나, 죄책감을 자극하거나, 경계를 무시한다면 무언가가 다시 시작되고 있는 것일지도 모른다. 반대로, 당신의 '아니오'를 존중하고, 작은 성장도 함께 기뻐하며, 당신의 자유를 지켜주는 관계라면 발전시킬 가치가 있다.

하버드 대학교 인간관계연구소의 80년간 종단연구 결과에 따르면, 인생의 행복과 건강을 결정하는 가장 중요한 요인은 '질이 높은 관계의 수'였다. 돈, 명예, 성취보다도 깊이 있는 인간관계가 더 중요했다.

새로운 건강한 관계를 형성할 때는 급하게 서두르지 마라. 처음부터 모든 것을 털어놓지 말고, 단계적으로 신뢰를 쌓아가면서 친밀감을 깊이 쌓아라. 상대방이 당신이 다가가면 어떻게 반응하는지 관찰하고, 건전한 반응을 보이는 사람들과만 더 깊어져라. 일방적으로 주기만 하거나 받기만 하는 관계는 건강하지 않다. 서로 지지하고, 서로 배우고, 서로 성장하는 관계를 추구하라. 마지막으로 아무리 친밀한 관계라도 개인의 경계는 존중되어야 한다.

쉽게 할 수 있는 관계 재구성 전략

연인

연인 관계는 가장 친밀하면서도 가장 복잡한 관계다. 감정적 애착이 강하기 때문에 객관적인 판단이 어렵고, 이별에 대한 사회적 편견도 크다. 하지만 독성 연인 관계는 개인의 정체성과 자존감에 가장 파괴적인 영향을 미친다. 독성 연인 관계의 신호들은 지속적인 비난과 비하, 과도한 통제와 감시, 감정적 또는 신체적 폭력, 당신의 친구나 가족과의 관계 차단 시도, 당신의 목표와 꿈을 무시하거나 방해하는 태도, 가스라이팅이나 현실 왜곡, 경제적 통제나 협박 등에서 분명히 드러난다. 이런 패턴이 반복된다면 "사랑"이라는 이름으로 포장된 지배를 경험하고 있는 것이다. 진짜 사랑은 자유롭게 만들고, 성장시키며, 존중하는 것이지 억압하고 축소시키고 통제하는 것이 아니다.

따라서 연인 관계를 재구성하기 위한 첫 번째 방법은 '관계 수선 시도'다. 상대방에게 구체적이고 명확한 변화를 요구하고, 실제 변화가 일어나는지를 꾸준히 모니터링해야 한다. "앞으로는 문제가 있을 때 이런 식으로 이야기해줬으면 해"라고 구체적으로 요구하는 방식이 필요하다. 그러나 여기서 중요한 것은 변화의 진정성을 확인하는 것이다. 일시적인 개선은 진짜 변화가 아니다. 최소 3-6개월간 지속적인 변화가 있어야 비로소 신뢰할 수 있다. 만약 상대방이 변화를 거부하거나, 잠시 개선된 듯 보이다가 다시 원래대로 돌아간다면 관계 종료를 고려해야 한다. 이별은 실패가 아니라 자기 보호다. 이별을 결심했다면 안전하게 진행해야 한다. 특히 상대방이 폭력적이거나 극단적인 반응을 보일 가능성이 있다면, 반드시 주변의 도움을 받고 안전한 장소에서 통보해야 한다. 이별 후에는 '무접촉 원칙'을 지켜야 한다. SNS 차단, 연락처 삭제, 공통 친구를 통한 소식 차단 등을 통해 완전히 연락을 끊는 것이 필요하다. "친구로 지내자"는 제안은 대부분 건강하지 않다.

직장

직장 관계의 재구성은 경제적 생존과 직결되기 때문에 더욱 신중해야 한다. 그러나 그렇다고 해서 독성 관계를 무한정 감내해야 할 이유는 없다. 직장 내 독성 관계는 권력을 남용하는 상사, 공로를 가로채는 동료, 지속적으로 괴롭히는 팀원, 무리한 요구를 하는 고객, 독성 문화를 만드는 경영진의 모습으로 나타난다. 이 경우 가장 먼저 해야 할 일은 '관계 재정의'다. 업무 외적 사적 관계가 아니라 철저히 업무 중심의 관계로 한정하고, 불필요한 대화를 피하며, 감정적 개입을 최소화해야 한다. 두 번째 전략은 '증거 수집과 문서화'다. 부당한 대우나 괴롭힘을 당했다면 날짜, 시간, 구체적 내용, 목격자 등을 상세히 기록하고 필요하다면 녹음이나 이메일 백업을 고려해야 한다. 이는 훗날 문제를 제기할 때 중요한 자료가 된다.

세 번째 전략은 '네트워크 확장'이다. 문제가 있는 사람에게만 의존하지 말고 다른 동료나 부서와의 관계를 확장해 다양한 지지 기반을 확보해야 한다. 네 번째 전략은 '공식적 문제 제기'이며, 증거가 충분히 모였다면 인사팀이나 상급자에게 공식적으로 문제를 제기해야 한다. 이때는 감정적 호소보다는 객관적 사실과 업무에 미치는 영향을 중심으로 설명하는 것이 효과적이다. 마지막으로, 조직 자체가 건전하지 못한 문화를 고착화하고 있다면 결국 이직을 고려할 수밖에 없다. 이직은 도망이 아니라 더 나은 환경을 찾아가는 적극적 선택이다.

가족

가족 관계는 선택할 수 없는 관계이기 때문에 완전한 단절이 어렵지만, 그렇다고 해서 무조건 참아야 하는 것은 아니다. 건강한 경계 설정을 통해서도 충분히 재구성할 수 있다. 독성 가족 관계의 패턴은 성인이 된 이후에도 계속되는 과도한 간섭, 조건부 사랑과 인정, 형제자매 간 비교와 차별, 감정적 조종과 죄책감 유발, 개인의 선택과 결정 무시, 과거 실수 반복 언급 등으로 드러난다. 이를 다루는 첫 번째 방법은 물리적 거리를 확보하는 것이다. 가능하다면 독립적인 주거 공간을 마련하고 방문 빈도를 조절해 심리적 거리감을 형성해야 한다.

두 번째는 대화 주제를 제한하는 것이다. 결혼, 직업, 돈, 과거 실수처럼 갈등을 유발하는 주제는 의도적으로 피하고 "이 주제는 논의하지 않겠습니다"라고 분명히 선언해야 한다. 세 번째는 반응 패턴을 바꾸는 것이다. 가족의 비교 발언에 변명하거나 반박하는 대신 "그렇게 생각하시는군요"라며 담담히 응답하면 갈등이 확산되는 것을 줄일 수 있다. 네 번째는 외부 지지망을 구축하는 것이다. 가족 외부에서 정서적 지지를 받을 수 있는 친구, 연인, 상담사 관계를 확보해 가족에게만 의존하지 말아야 한다. 마지막으로 모든 가족 모임에 의무적으로 참여할 필요는 없다. 예상되는 스트레스 상황에서는 선택적으로 불참하거나 짧게 참석하는 것도 방법이다.

사회적 관계

사회적 관계, 특히 친구나 지인 관계는 상대적으로 재구성이 쉽지만 그만큼 신중해야 한다. 건강한 친구 관계의 기준은 서로를 있는 그대로 받아들이고, 성공을 진심으로 축하하며, 어려울 때 실질적인 도움을 주고, 신뢰와 비밀을 지키며, 함께 있을 때 즐겁고 편안하고, 서로의 시간과 경계를 존중하는 것이다. 이 기준에 맞지 않는 관계라면 단절보다는 점진적으로 거리를 두는 것이 좋다. 새로운 친구를 만들 때는 외모나 사회적 지위가 아니라 가치관과 인격을 우선시해야 한다. 비슷한 관심사나 목표를 가진 사람들과 만날 수 있는 모임이나 활동에 참여하는 것이 바람직하다.

관계 재구성 전략의 함정과 한계

마지막으로 관계 재구성 전략에도 함정과 한계가 있음을 명심해야 한다. 모든 관계를 단절하다 보면 사회적 고립에 빠질 수 있고, 완벽한 관계란 존재하지 않는다는 점도 알아야 한다. 중요한 것은 문제가 생겼을 때 그것이 해결 가능한 갈등인지, 아니면 본질적으로 파괴적인 관계인지 분별하는 것이다. 또한 직장 관계의 경우 경제적 현실 때문에 이상적인 재구성이 어려울 수 있으므로 단기적 생존과 장기적 웰빙 사이에서 균형을 찾는 지혜가 필요하다. 더불어 인생의 어려운 시기에는 관계를 재구성하려 하기보다 안정감을 우선시하는 편이 나을 수도 있다. 무엇보다 관계 재구성이 만능 해결책이 아니라는 점을 기억해야 한다.

관계 재구성의 시도는 다크 심리학의 언어에 의해 쉽게 무력화되기도 한다. "네가 이걸 거부하면 우리 관계는 끝이야", "가족인데 이 정도도 못 해?" 같은 말은 관계의 본질을 시험대로 만들고, 상대가 스스로 자유를 포기하게 만든다. 앞 장에서 살폈던 다크 심리학 사용자들의 수법을 잘 기억하고, 이에 휘둘리지 않으면서 관계를 재구성하도록 시도해야만 한다. 또 다른 함정은 과도한 의심이다. 관계를 재검토하는 습관이 지나치면, 사소한 말이나 행동조차 계산의 대상으로 바뀐다. "이 말 뒤에 다른 의도가 있는 건 아닐까?", "지금 웃은 게 진심이 맞을까?" 같은 의심이 쌓이면 결국 관계는 무너진다. 방어를 위해 시작한 재검토가 오히려 불신을 키워 관계를 파괴하는 역설적 상황에 빠지는 것이다.

그렇다고 관계 재구성을 포기할 수는 없다. 중요한 것은 균형이다. 재검토는 관계를 끊어내는 행위가 아니라, 업데이트

하는 행위여야 한다. 프로그램의 버전을 새로 고치듯, 관계도 주기적으로 점검하고 조율해야 건강하다. 의심이 아니라 확인, 단절이 아니라 조정이라는 관점으로 접근해야 한다.

관계 재구성 전략은 제대로 사용하면 불합리한 심리적 계약에서 벗어나 자유를 지킬 수 있지만, 잘못 쓰면 불필요한 불신과 갈등을 초래한다. 다크 심리학은 이 틈을 노린다. 당신이 불안을 느끼는 순간 "그럼 네가 나쁜 사람이네"라는 프레임을 씌운다. 그렇기 때문에 관계 재구성은 반드시 신중해야 한다. 감정의 불안에 휘둘리지 않고, 의도적으로 관계를 업데이트한다는 태도만이 함정을 피해갈 수 있다.

관계 재구성에 성공하는 사람의 말버릇

◆ **관계를 '현재' 기준으로 진단한다**
  → "이 관계가 내 에너지에 도움이 되는지부터 확인해보자"

◆ **거리두기를 명확히 요청한다**
  → "한동안 개인 시간이 필요해"

◆ **경계를 분명히 선언한다**
  → "그런 말과 행동은 받아들일 수 없어"

◆ **정중하지만 단호하게 끝을 알린다**
  → "서로에게 해롭다고 판단해 관계를 여기서 멈추겠습니다"

◆ **건강한 관계로 초점을 옮긴다**
  → "나를 존중하고 도와주는 사람들과 시간을 쓰겠어"

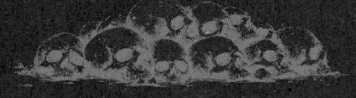

관계 재구성 전략 체크리스트

■ 관계 영향 일지를 작성해 반복 패턴 확인하기
___

■ 경계 침범을 체크하기
___

■ 단계적 거리두기로 내 스트레스와 상대 반응 관찰하기
___

■ 나의 편을 만들어두기
___

■ 다른 좋은 관계에 투자하기
___

에필로그

휘둘리지 않는 삶,
이제 그 조건은 갖춰졌다

칼과 총알의 시대는 지나갔다. 그러나 심리의 전장은 여전히 끝나지 않았다. 역사 속 권력자들은 언제나 무력을 앞세우기 전에 마음부터 무너뜨렸다. 두려움을 퍼뜨리고, 죄책감을 주입하며, 희망을 미끼로 던지고, 충성을 강요했다. 방식은 달라졌지만 원리는 지금도 같다. 오늘날의 전장은 칼이 아니라 언어이며, 총알이 아니라 감정이다. 폭력이 아니라 압박과 유도가 사람을 무너뜨린다. 그 전장은 이미 우리의 대화와 관계, 일상의 틈새에 깔려 있다.

그렇다면 이 시대를 살아가는 우리는 무엇으로 버텨야 하는가. 화려한 기술이 아니라, 흔들리지 않는 기본 마인드셋이다. 위급하고 혼란스러운 순간, 이 뿌리를 붙잡고 있을 때 몸에 익힌 방어 스킬들이 저절로 작동한다.

질문하는 힘은 휘둘리지 않는 가장 첫 조건이다. 조종은 언제나 단정과 확신으로 다가온다. "다들 이렇게 한다", "네가 원한다면" 같은 문장들은 의심을 지워버리고 수용만을 남긴다. 그러나 거기에 질문을 던지는 순간 흐름은 바뀐다. "정말 그런가?", "다른 선택지는 없는가?"라는 물음은 상대의 의도를 드러내고, 당신의 선택권을 지켜낸다. 질문은 모든 방어의 출발점이다.

자기 객관화도 중요하다. 조종자는 감정을 노린다. 불안, 죄책감, 분노, 사랑 같은 강렬한 정서가 일어나는 순간, 우리는 쉽게 무너진다. 그러나 스스로를 한 발 떨어져 바라볼 수 있다면, 감정의 파도 속에서도 중심을 잃지 않는다. "지금 내가 느끼는 이 감정은 어디서 온 것일까?"라고 스스로 묻는 순간, 반응은 늦춰지고, 조종의 덫은 힘을 잃는다. 자기 객관화는 흔들림을 늦추는 완충 장치다.

질문하는 힘과 자기 객관화, 다음으로는 자기 확신이 더해져야 한다. 많은 사람들은 타인의 인정과 평가에 의존한다. 그러나 그 의존이 깊을수록 조종자는 더 많은 틈을 파고든다.

자기 확신은 과장된 자만심이 아니다. 그것은 자신의 가치와 기준을 흔들림 없이 붙드는 힘이다. 외부의 칭찬에 들뜨지 않고, 비난에 무너지지 않으며, 스스로 세운 원칙 위에서 결정을 내리는 힘. 자기 확신은 흔들리지 않는 삶의 뼈대다.

질문하는 힘, 자기 객관화, 자기 확신. 이 세 가지 마인드셋이 모여 휘둘리지 않는 인간을 만든다. 화려한 기술은 시간이 지나면 잊히지만, 기본 마인드셋은 삶 전체를 지탱한다. 그것은 단순한 방어를 넘어, 더 깊은 자유와 더 의미 있는 관계로 나아가는 길이다. 이 마인드셋에 책에서 제시한 행동 원칙과 습관들이 쌓이면, 어떠한 조종 기술도 쉽게 침투하지 못한다. 다크 심리학의 기술은 분명 강력하다. 하지만 그것을 알아차리고 차단하는 순간 무력해진다. 마법이 비밀을 잃는 순간 평범한 속임수가 되는 것처럼, 조종도 정체가 드러나는 순간 힘을 잃는다.

진짜 힘은 공격이 아니라, 흔들리지 않는 방어에서 나온다. 남을 조종하는 능력보다는 조종당하지 않는 능력이 더 가치 있다. 왜냐하면 전자는 다른 사람을 해치는 능력이지만, 후자는 자신을 지키는 능력이기 때문이다.

이 책을 읽기 시작했을 때와 지금의 당신은 분명 다를 것이다. 전에는 그냥 지나쳤을 상황들이 이제는 다르게 보일 것이다. 연인의 미묘한 압박, 상사의 교묘한 유도, 가족의 감정적 조작, 광고의 심리적 자극들이 이제는 명확하게 보일 것이다.

처음에는 이런 인식이 불편할 수도 있다. 하지만 이것은 성장통이다. 눈을 감고 있을 때는 편했지만 안전하지 않았다. 눈을 뜨고 나면 불편하지만 안전해진다. 중요한 것은 이 새로운 인식을 어떻게 사용하느냐다. 모든 사람을 의심하고 모든 관계를 거부하는 것은 방어가 아니라 고립이다. 진짜 방어는 건전한 관계와 해로운 관계를 구분하는 것이다. 진짜 사랑과 가짜 조종을 분별하는 것이다.

당신이 배운 것들을 지혜롭게 사용하기 바란다. 다른 사람을 조종하는 데 사용하지 말고, 자신을 보호하는 데 사용하기 바란다. 다른 사람의 약점을 공격하는 데 쓰지 말고, 자신의 강점을 키우는 데 쓰기 바란다. 그리고 기억하라. 완벽한 방어는 없다. 아무리 주의해도 가끔은 속을 수 있고, 아무리 조심해도 실수할 수 있다. 그것도 인간적이고 자연스러운 일이다. 중요한 것은 실수했을 때 빨리 회복하는 것이다. 넘어졌을 때 빨리 일어나는 것이다.

마지막으로, 이 책에서 배운 것들을 혼자만 간직하지 말기 바란다. 주변의 소중한 사람들과 나누기 바란다. 특히 조종에 취약한 사람들을 보호하는 데 사용하기 바란다. 지식은 나눌 때 더 강해진다.

  세상에는 여전히 많은 악인들이 있을 것이다. 앞으로도 새로운 조종 기법들이 개발될 것이다. 하지만 당신에게는 이제 그것들을 막아낼 수 있는 도구가 있다. 더 중요한 것은 그 도구들을 사용할 수 있는 지혜가 있다는 것이다. 당신의 앞으로의 인생이 조종당하는 삶이 아니라, 스스로 선택하는 삶이 되기를 바란다. 다른 사람의 기대에 맞춰 사는 삶이 아니라, 자신의 가치에 따라 사는 삶이 되기를 바란다. 외부의 인정을 구하는 삶이 아니라, 내면의 확신을 갖는 삶이 되기를 바란다.

  "당신이 분명한 기준을 세우는 순간, 조종은 끝난다."

  이것이 이 책이 당신에게 전하고 싶었던 마지막 메시지다. 휘둘리지 않는 삶을 선택하라. 그 선택권은 언제나 당신에게 있다.

다크심리학 Ⅱ : 휘둘리지 않는 법
심리 조작과 압박에서 나를 지키는 방어의 기술

초판 1쇄	2025년 9월 15일
초판 3쇄	2025년 11월 25일

지은이	다크 인사이트
디자인	김소미
펴낸곳	다크 인사이트 스튜디오
출판등록	2021년 5월 21일 제2021-000019호
이메일	dark.insight.studio@gmail.com

ⓒ다크 인사이트, 2025
이 책은 저작권법에 의해 보호를 받는 저작물이므로
책 내용의 전부 또는 일부를 이용하려면
반드시 저자와 다크 인사이트 스튜디오의 서면 동의를 받아야 합니다.

* 책값은 뒤표지에 있습니다.
* 이 책의 판권은 지은이와 다크 인사이트 스튜디오에 있습니다.
* 책 내용의 전부 또는 일부를 이용하려면
  반드시 지은이와 다크 인사이트 스튜디오 양측의 서면 동의를 받아야 합니다.

ISBN 979-11-93282-42-7 (04180)
ISBN 979-11-93282-44-1 (세트)